朝日新書
Asahi Shinsho 910

人口亡国

移民で生まれ変わるニッポン

毛受敏浩

朝日新聞出版

はじめに

2022年5月31日。山梨県の外国人受入れの基本方針を決定する、第1回やまなし多文化共生社会実現構想委員会が開催された。

山梨県庁でこの構想の策定を担うのは知事政策局　外国人活躍推進グループ。そして会議の最初に、私を含む委員に対して共有されたのが、地元の企業による一般公募によって選ばれた県内の高校生が作成したビデオ「Hope for the Future」だった。そこには若い世代の郷土への愛と外国人への期待があふれていた。

ビデオは一人の女子高校生が、人影が消えた山梨の街を歩くシーンから始まる。そして彼女の独白が始まる。

私は故郷が好きだ。近所同士の仲がいい所も、高校生になって川遊びに行く友達がいるところも、電車が空いているところも。

でも、街が消えかかっていることも知っている。私の大切なすべての瞬間が時間とともに過去のものとなってしまうかもしれない。この日々はいつまで続く？　私がお母さんの年になる頃にはどれだけのものが残っている？　街を支えていける人はどれだけいる？　でもこの街は、私たちの日々は過去の記憶にはならない。新しい形に成長している。

地域でさまざまな外国人が働くシーン。

私たちの日々はこんなにも支えられている。けれど、私たちのあまりにも多くは、そんな事実を知りさえしない。こんな日々を送れることを当然のことだと思い関心を持たない人もいる。仕事を提供する側の貢献だという人もいる。

でも、それは違う。**私たちは外国人の方々とともに作り上げてきた街の中で支え合いながら生活している。**今日も当たり前のような一日を過ごすことができるのは、そしてこれからもそんな日々が続くなら、彼らと共に支え合うことができるから。

そんな彼らがこの街で少しでも多くの学びを温かな思い出を持ち帰ることができたら、私たちの関係は協力というより強く温かいものになるでしょう。だから私たちが巡り合えた貴重な気づきというきっかけを、みなさんにおすそ分けします。

極めて印象的なビデオの動画から始まったこの委員会による多文化共生社会実現構想では、日本人と外国人の人間関係作りが土台に据えられた。そしてこの構想について山梨県知事は県議会で、山梨県は「日本語教育推進県」を目指すと宣言した。

若者の意識変化と自治体の外国人受入れについての積極的な姿勢が表れるエピソードだが、山梨県だけの動きではない。群馬県が2021年に施行した群馬県多文化共生・共創推進条例では、「国籍、民族等の違いにかかわらず、差別されることなく等しくその人権を尊重される社会の実現」を目指すとしている。

一方、高知県では2022年に「高知県外国人材確保・活躍戦略ver.2」を策定した。人口減少の危機感を元に、「各産業の継続・発展を支える貴重な人材として、また、地域社会の一員として受入れ、育成・定着を図っていくことが重要」とする。さらに「賃金水準が都市部に比べて低い本県が、外国人材から『選ばれる高知県』となるため、**高知で働く外国人材の満足度をさらに高め、賃金以外の面での魅力を向上**させていくため、関連施策の一層の充実・強化を図る」とする。そして、**フィリピン、ベトナム、インド、ミャンマーとの関係を強化し、これらの国から安定的な人材の確保を目指す**とし、積極的に海外に人材を求める姿勢を明確にしている。

長野県の動きも興味深い。2021年には、長野県議会は現状の外国人受入れ政策は不十分と、政府に対して**「多文化共生に係る基本法の制定を求める」決議**を全会一致で行った。同県では安曇野市議会が同趣旨の提言を県議会に先駆けて議決している。

人口減少が地域の存続にかかわる大問題と考え、このような自治体は外国人の本格的な受入れに向けてすでに動いていると言えるだろう。これまで人口減少に対して自治体が頼りにしてきたのは、もちろん政府である。政府の指示に従って人口の維持を目指す地方創生を行ってきたが、その成果はまったくといってよいほど上がらなかった。政府に依存していては人口減少の歯止めがかからない以上、自らの判断で外国人受入れに向かわなければならない、とこうした自治体は考えている。

しかし、地域レベルでのこうした動きに対して政府の対応は緩慢に見える。政府は外国人の定着を図る政策を開始しながらも、いまだに「移民政策をとらない」という看板を外せずにいる。人口激減を迎えた日本は、移民問題を正面から議論する時期をとっくに迎えているが、それができないまま、現実には在留外国人は増加を続け、彼らなしには社会が回らなくなりつつあるのが現状といえる。

本書はこの「移民ジレンマ」ともいうべき現在の状況がなぜ起こったのか、そしてドイツをはじめ海外の事例を紹介しながら移民ジレンマの脱却についての議論を行う。現実には外国人の定住化が進んでいる一方で、移民の受入れは日本の国柄にかかわる問題だという指摘もある。そこで日本の歴史を紐解いてそれについて一定の見解も示している。

人口減少の加速と長期の低迷によって日本の魅力が消えうせ、「選ばれる国」でなくなってからでは遅すぎる。日本として目指すべき方向について国民的な議論を行うとともに、政府は方針を明示する必要がある。本書がそうした議論の喚起につながることができれば望外の幸せである。

人口亡国　移民で生まれ変わるニッポン

目次

第2章　移民政策がなぜタブーとなったか

第3章　移民を国民はどうとらえているか

第4章　移民効果を巡る論争

第5章 外国人を受入れてきた日本の歴史

第6章　ドイツはこうして移民を受入れた

最終章　移民と共生するニッポン

図作成＝谷口正孝

第1章

人口減危機と移民ジレンマ

図1　日本の将来推計人口

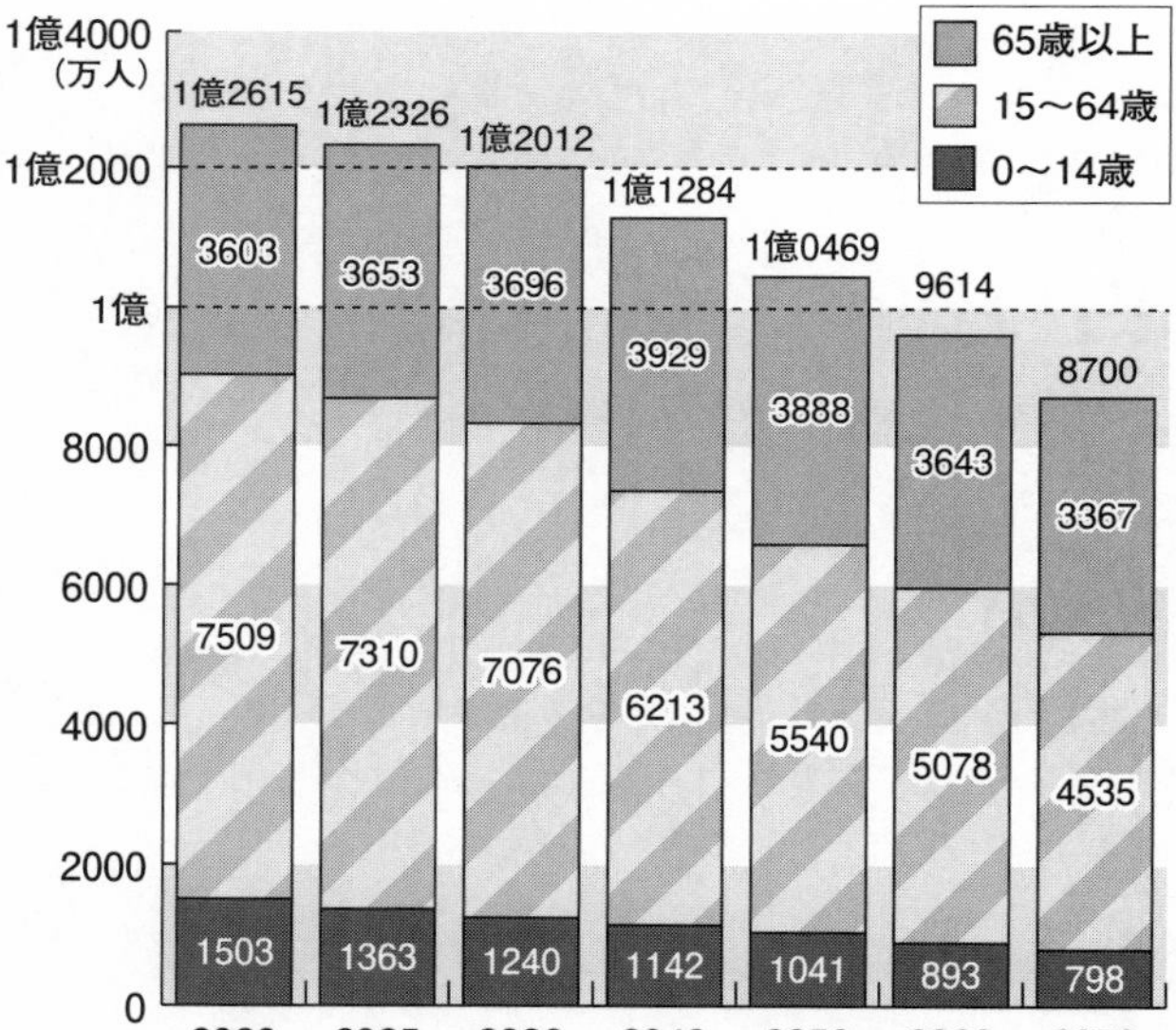

令和5(2023)年推計　千人台は切り捨て
国立社会保障・人口問題研究所

薄れた人口危機意識

世界は多重危機の時代に入った。コロナ禍、ロシアによるウクライナ侵攻、資源エネルギーの高騰と世界的なインフレ、そして従来からある気候変動も危機感が高まっている。日本もそうした重層化する危機に翻弄される中で、本来、日本の未来に最も大きな影響を与える課題に対しては逆に危機感が薄まっている。その危機とは「人口問題」に他ならない。

2017年に刊行した拙著『限界国家——人口減少で日本が迫られる最終選択』(朝日新書)では巻頭推薦文を故堺屋太一氏に執筆していただいた。同氏はその中でこのように記している。

「実際、**人口減少こそは、2020年代の日本が直面する最大にして喫緊の重要問題**である。このことは、全国の人口減少の進んでいる地域、いわゆる『限界都市(地域)』に一カ月も住み、現地の産業や文化、生活に携わってみれば、誰もが痛感するはずだ」

人口減少は何をもたらすのか？　同氏はこのように指摘する。

「人口が減少することは、あらゆる産業が不活発になり、規模が縮小し、営業が困難になるだけではない。不動産は無価値になり、結婚は難しくなり、友達も相談相手も、お祭りやイベントも、慰め合う相手もいなくなることである」

そして、今後の予測としてこのように述べる。

「今や『東京を除く』日本のほとんどの地域が、そのような危機に曝《さら》されている。恐らく2020年の東京オリンピック・パラリンピックの空騒ぎのあとでは、東京にも人口減少の脅威が、確実に押しかけて来るだろう」

では実際はどうなったのか？　2022年5月1日現在の東京都が発表した「東京都の人口（推計）」では、東京の人口は対前年同月比で2万2595人の減少となった。コロナ禍により人口の流動性が高まっているものの、東京にも本格的な人口減少が迫っていると言えるだろう。

全国レベルではより深刻な状況が生まれている。

２０２２年9月16日、厚生労働省は２０２１年の「人口動態統計（確定数）の概況」を発表した。出生数は81万１６２２人と前年より2万９２１３人減少し、合計特殊出生率は1・30で前年の1・33より低下した。コロナ禍によって少子化に一層拍車がかかったことが明らかになった。

今後の見通しはさらに厳しい。日本総合研究所は２０２２年11月、２０２２年の出生数（日本人）は、前年比5・1％減の77万人前後となる見通しを発表した。16年以降、出生数は年率3・5％減のペースできたが、22年はそれを上回る減少率となる。

同研究所の藤波匠上席主任研究員は「２０１５年の出生数は１００万人を超えていた中、わずか7年で20％以上減少してしまう」と危機感をあらわにする。

7年で20％以上の出生数の激減という事実は決して軽視できるものではない。堺屋太一氏の予測を超えて人口減少の大波に日本はすでに飲み込まれているのである。

２０２３年、岸田文雄政権は異次元の少子化対策を行うと発表したが、これまでの各政権も少子化対策を重要政策としてとらえ、多様な事業が行われてきた。しかし、一時的な効果はあっても、結局は人口を増やすどころか維持すらもできなかった。２０２０年代になり、人口激減の段階に入った以上、今後の少子化対策で多少の改善が見られたとしても、人口増加へ転じることは決してないと言い切ってよいだろう。

30年後に残るのは本州だけ

振り返れば日本の人口は２００８年を境に減少に転じている。生産年齢人口（15～64歳）で見れば、１９９５年を境に減少に転じた。生産年齢人口は１９９５年時点の８７１６万人から１２００万人以上減少し、２０２１年には７４５０万人となった。

日本はこの生産年齢人口の大激減を女性活躍の推進と高齢者雇用促進、ＩＴ技術の活用でしのいできた。女性の就業率は２００５年には58・１％だったが、２０２１年には71・3％に達し、就業者数は２０２１年には３００２万人となった。また高齢者の雇用も増加が続いた。２０２０年の高齢者の就業者数は、２００４年以降、17年連続で前年に比べ増加し、９０６万人と過去最多となった。

では今後も、女性と高齢者の就労拡大で乗り切れるのだろうか？　女性の就労率はすでにOECDの中でトップクラスに近づいている。2020年、OECD諸国の中で日本は38カ国中13位ですでにオーストラリア、カナダ、米国よりも高いレベルとなっている。一方、高齢者雇用の割合は29・1%とダントツでG7（主要7カ国）でのトップ。2位のイタリアの23・6%を大きく引き離している。しかし、団塊の世代が後期高齢者になる2025年以降、介護人材の需要が急速に高まり、労働力不足は一層深刻さを増していく。労働者として活躍していた高齢者が、次第に介護を必要とする時代へと変わっている。残された伸びしろには限りがあるのは明らかだ。

2023年、国立社会保障・人口問題研究所は2070年までの人口予測を発表しているが、予測可能な限り、人口減少が停止することや増加に転じることはない。さらにその先も同じ状況が想定されている。つまり、現在、日本に生きている人の大多数は一生のうちに「今年は日本の人口が増えました」というニュースを聞くことはない。

国立社会保障・人口問題研究所の予測では、2056年には9965万人と1億人を割りこむ。2056年と言えばはるかに遠い未来のように思えるが、コロナ禍の影響もあり、数年前倒しになると予測されている。そうなれば25年程度でそれが現実となる。

では、これから減少が予測される2500万人とはどのような規模なのか？　九州の人口が約1400万人、北海道が530万人、四国が370万人であることを考えれば、ほぼ九州、北海道、四国の合計に近い人口減少がこれから30年強の間に一挙に起こることになる。つまり今、本州に住んでいる人口しか残らないということだ。しかも、世界一の日本の高齢化は2040年を超えて続いていく。

高齢化の象徴「人形村」

その日本の高齢化は世界でも広く知れわたっている。

筆者はアメリカのベテラン・ジャーナリストの日本での取材を支援したことがある。ナショナル・パブリック・ラジオの記者、アイナ・ジャッフィ氏が関心を持ったのが四国の山奥にある「人形村」だった。

それは徳島県三好市の標高800メートルの名頃《なごろ》集落で、100体以上の人間を真似たかかしが村のあちこちに置かれている。かかしは言ってみれば、人がいなくなった村の「バーチャルな村民」と言えるかもしれない。

大阪から故郷の名頃に戻った女性がこつこつと作り始め、数十名の村落の人口をはるかに超えるかかしが限界集落となった村のあちこちに置かれている。一見、シュールともい

人形村・徳島県三好市名頃集落（写真・伊藤菜々子）

えるこの光景をアメリカ人の記者は高齢化日本を象徴する場所と考えた。人里離れたこの場所を訪れ、これらの人形を作った女性作家と会った記者は、作家との対談を通して人形村の様子を全米に報じた。

高齢者ばかりが住む場所が増え続ける日本の現実は極めて厳しい。地震、台風に加えて異常気象による洪水や山崩れが多発する日本。一度、災害が起これば若者がいない社会では助かる命が助からない。高齢者同士で助け合うには限界があることは明らかだ。高齢者の村で人形を作って賑わいを演出しても人形が高齢者を助けてくれることはない。

高齢化の進行と終わりのない人口減少を筆者は「見えない大津波」と呼ぶが、人口減少は社会のさまざまな基盤を根こそぎ奪い取っていく。学校、会社、交通インフラ、商店街、村、町が消えていく。

そうした中で増えるのは葬儀会社だ。他の国ではめったに見られない葬儀会社やお墓の宣伝が、テレビやさまざまな広告媒体を通じて繰り返し行われている。今の日本では当たり前でだれも驚かなくなったが、そのこと自体、異常であり、そのことを目にした外国人には異様な光景と映る。彼らは高齢化のもたらす意味を理解し、日本の行く末に不安を感じるだろう。

「見えない大津波」が単に葬儀会社が増えるだけなら、それほど大騒ぎする必要はないのかもしれない。しかし、人口減少によって、従来受けられたサービスが受けられなくなり、人びとの暮らしに大きな影響を与える。

路線バスで見れば、2010年度から2018年度の間に東京からスペインのマドリードの距離に相当する1万788キロが廃止された。全国の鉄道網の廃止と共に人びとの暮らしはますます不便になっていく。

本来、人口維持には欠かせないと思われる病院も同様だ。厚生労働省は人口減少への対応として病院の閉鎖を進めようとしている。2019年9月、市町村などが運営する公立病院と日本赤十字社などが運営する公的病院の25%超にあたる全国424の病院について「再編統合について特に議論が必要」とする分析をまとめ、再編すべき病院名を公表した。

とりわけ深刻なのは介護人材の不足だ。

高齢者が増えると同時に全国で介護施設が急速に増えた。しかしそこで働く人材不足が終わる様子はない。給料を上げれば就業者が増えるという意見もあるが、そもそも若者の数が減少している以上、他の産業とのパイの奪い合いが起こるだけだ。

ロボットを活用しようという意見もある。しかし、命にかかわる分野ですべてロボットが人間に置き換わることは可能だろうか。体調が変わりやすく身体能力の低い高齢者への細かな気配りができ、さまざまなニーズに対応できるのは人間しかいない。

そもそもそれを高齢者自身は望んでいるのだろうか？　サービスの一部の支援であればまだしも、人間よりロボットに世話をしてほしいと願う高齢者はいないだろう。高齢者の世話は人手不足だからサービスが行き届かなくても仕方がない、ロボットに代替させればよいという安易な考えは一種の「姥捨て山」の発想ではないか。

では日本の人口減少、高齢化は世界でどう見られているのだろうか。

ジャパニフィケーションの罠

日本は残念ながら衰退する国と見られている。それを象徴するのが「ジャパニフィケーション（日本化）」と呼ぶことばだ。

2012年から始まった第二次安倍晋三政権。日本経済の低迷からの脱出を図ろうと大胆な金融緩和、積極的な財政政策、規制改革の「三本の矢」による成長戦略によって日本の再生を行おうとした。これが「アベノミクス」だ。しかし、人口減少が日本の経済の浮上を目指す政府にとって大きな足かせとなっていた。

経済成長率は2013年以降低迷し、日本の消費者物価は目標とする2％に届くこともなかった。こうした日本の行き詰まり状況を世界は「ジャパニフィケーション」という名称を使い、自国も同様の状況に陥るのではとの警戒感を持って見ている。

英国のTHE WEEK誌は「ジャパニフィケーションとは何か?（THE WEEK, What is Japanification?）」の記事の中で、ジャパニフィケーションについて、「2000年前後から日本は低い成長率と低い物価水準から抜け出せなくなり、政府の経済、金融政策を拡大し続けている状態」と説明している。[1]

筆者はフォーリン・プレスセンターの依頼で、2023年1月、海外メディアに対して「人口減少と移民受入れ」と題する講演を行った。この講演にはニューヨーク・タイムズ、ウォールストリート・ジャーナル、CNN、AP通信、ル・フィガロ、新華社通信など、日本に支局を置く海外メディア28名の記者が参加を表明し、このテーマに対する関心の高さがうかがえた。この時、私の紹介役となったフォーリン・プレスセンターの幹部が使ったのがジャパニフィケーションということばだった。日本はジャパニフィケーションから抜け出すことができるのか、あるいはできないのか？　それは人口問題と大きくかかわると説明した。

では人口問題はどのように日本の低迷につながるのだろうか。

白川方明《まさあき》元日銀総裁は、「当局者が対応すべき問題は、低インフレという現象そのものではなく、生産年齢人口の減少といった構造的な要因であると指摘」する。[2]　日本経済の長期停滞から脱するカギは単なる金融政策ではなく、労働力の増大こそが重要と言うことだろう。

コロナ禍によって、世界が日本同様にジャパニフィケーションの問題を抱えるのではないかという懸念も見られる。しかし、フィナンシャル・タイムズは「ジャパニフィケーションの拡散の懸念は筋違い（Fears of Japanification spreading are misplaced）」との記事の中で、日本との違いをこう説明する。

同紙は、各国が金融政策による刺激の継続への依存状況に陥り、政府の赤字が拡大する状態に陥っているとしながらも、日本のように高齢化が進み年金依存の生活者が増えることによる個人貯蓄の減少という事態にはなっていないと言う。3

つまり、人口減少だけではなく高齢化によって日本の活力はますますなくなる。ここでも人口減少と高齢化の同時進行が、日本の危機をさらに増幅するという認識だ。

高齢化が進んだ地方都市では2カ月に一度、商店街がにぎわう日があるという。それは偶数月の15日、つまり年金受給が行われる日である。年金依存の高齢者にとってこの日だけがちょっとした贅沢が許される日なのかもしれない。

高齢化が進み年金に依存する人びとが増え続ける日本。若者や家族持ちがいるからこそ経済は回転する。地域経済を発展させようにも人口が減る一方で高齢化がさらに進む状態ではその可能性は少ないと言ってよいだろう。

戦争ができない国

人口問題は安全保障の危機にもつながる。日本の高齢化はすでに世界一であり、75歳以上人口（後期高齢者）は1937万人を数える。人口の突出して多い団塊の世代（1947〜49年生まれ）が後期高齢者になる時期が目前に迫っており、政府は2040年度に必要な介護人材は約280万人と想定している。

近年、東アジア情勢の不安定化から日本の軍事力の強化が叫ばれているが、そもそも高齢化した日本は長期の戦争に耐えられる状態ではない。エネルギーや食糧などの補給路が断たれ、また介護士を含むエッセンシャルワーカーと呼ばれる日本の基盤を担う若者が戦争に駆り出されれば、ケアを受けられず放置される脆弱《ぜいじゃく》な高齢者が大量死に直面する可能性がある。つまり超高齢化社会の日本は戦争の前線で人が死ぬよりも、むしろ取り残された高齢者がバタバタと倒れる結果、多くの犠牲者が出ることになるだろう。敵対する国は日本のこの弱点を突くだろう。そう考えれば、すでに日本は実質的に戦争ができない国になっている。

そもそも自衛隊自体も隊員不足に悩んでいる。2022年3月31日現在、自衛隊員の充足率は93・4％に留まる。また日本全体の高齢化に対処して、自衛隊は入隊の採用年齢の上限を2018年に一挙に6歳引き上げ32歳までとした。自衛隊員も少子化、高齢化から

図2　日本と中国のGDPの割合の変化（日本を1とする）

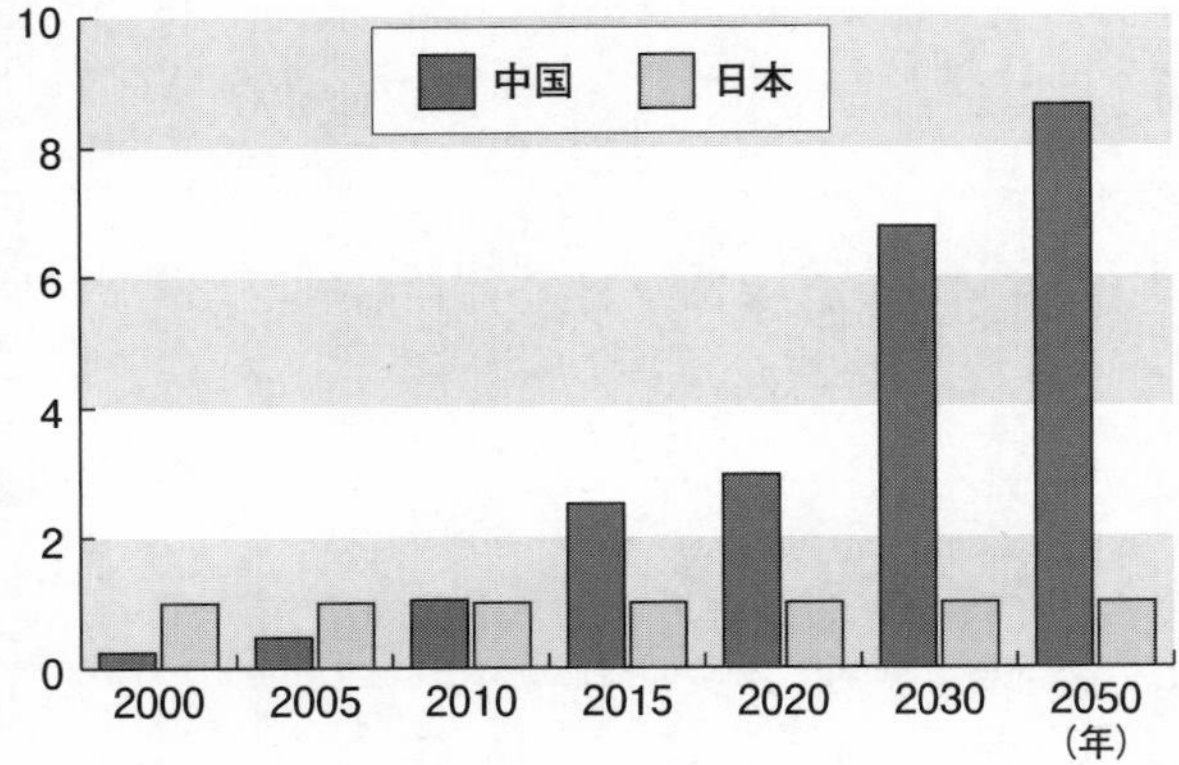

逃れることはできない。

そんな日本にとって頼みの綱はアメリカだ。しかし、人口減少とともに、日本の経済力が衰退すればアメリカは日本をいつまで重視してくれるだろうか。

現在、日本の脅威とされる中国だが、かつて日本の経済力は極めて大きく中国の経済とは雲泥の差があった。２０００年の時点で日本のＧＤＰは中国の４倍の大きさ、まさに圧倒的な違いがあった。

しかし、日本の退潮に呼応するかのように中国の経済力は増していった。２０１０年に中国は日本のＧＤＰを追い越し、２０２０年には中国はたった10年で日本の3倍近い差をつけてしまった。

では将来はどうなるのか？

世界最大級のコンサルティング会社ＰｗＣが２０１７年に発表した調査レポート「２０５０年の世界」では、２０３０年と２０５０年の世界各国のＧＤＰの予想を発表している。それによれば２０３０年には日本のＧＤＰはインドに抜かれ、世界第4位となる。アメリカを抜いて中国がトップとなり日本との差は6倍となる。

２０５０年には日本はインドネシア、ブラジル、ロシア、メキシコにも抜かれ世界第8位となり、中国は日本の8・6倍、つまり日本のＧＤＰは中国の11・5％となる（図2）。アジアの中規模国の一つになってしまえば日本の外交力は格段に下がる。アメリカが日本を同盟国として尊重するのは日本の国力があってのことだ。日本が中国の1割程度の経済力の国になればアメリカの日本に対する見方も変わるだろう。中国の圧力に対して日本は自国を守り切れるのか、人口問題は日本の国家安全保障とも直接的につながることになる。

若者の海外流出

日本ほどの深刻な高齢化と人口減少の同時進行は世界では他に例がない。しかし、世界には日本以上のスピードで人口減少が進んでいる国がある。そこでは何が起こっているのだろうか？

ロシアのウクライナ侵攻前、ビジネスインサイダーの「２０５０年までに最も大きく人口が減る国 ワースト20」（２０１9年10月15日、Andy Kiersz）[4]では、ヨーグルトで日本にもなじみのある国、ブルガリアが人口減少1位に挙げられている。ブルガリアの人口は２０５０年までに人口の２割以上、22・５％減少するという。

この記事で日本の人口減少は16・３％で9位にランクしている。興味深いことに1位から8位まではすべて東ヨーロッパの小国で占められている。ブルガリアに次いで2位はリトアニア、以下、ラトビア、ウクライナ、セルビア、ボスニア・ヘルツェゴビナ、クロアチア、モルドバの順となっている。

現在、世界第3位の経済大国で人口でも世界11位の日本の人口減少は、特異な現象と言えるだろう。単に特異な現象というより、人類史的に見ても戦争や国家分裂、疫病の蔓延《まんえん》以外で、日本ほどの巨大な国家で極端な人口減少が起こるのは極めてまれだろう。

人口急減する東欧の国でウクライナ以外の国はすべて１０００万人に満たない小国である。なぜ東欧のこうした国々では人口が極端に減るのだろうか？

それは少子化に加えて、西ヨーロッパに若者が移住していくからに他ならない。ブルガリアは、若者の海外流出のスピードを少しでも遅らせようと必死だ。国内の教育や経済の機会を改善することで、EUやその他の国へ移住するよりも国内にとどまる魅力をアピールしていると言うが、効果は限定的なようだ。

ヨーロッパのこの状況を見て考えさせられるのは、少子化による人口減少が経済の停滞を招き、それが若者の国外流出を促進するという事実だ。日本は現在、人口減少によって労働者、若者が不足しているが、人口激減が止まらない日本の未来に希望が失われれば、優秀な日本の若者も海外に流出するかもしれない。

いや、すでにその現象は始まっている。外務省の海外在留邦人数調査統計では、2022年10月1日現在の日本人の海外永住者は55万7000人と過去最高を記録し、10年間で14万人以上、増加した。

2021年は円安傾向が続いたが、その結果、日本の賃金よりはるかに高いオーストラリア、カナダなどに短期、長期で働く日本の若者が増えている。

若い女性では海外流出が顕著なようだ。大学生の留学では短期・長期を含め女子学生が圧倒的に多いが、女子学生は卒業時に外資系企業に採用されないと分かると、迷いなく日本企業より海外の会社を選び国を出ていく傾向があるという。女性活躍推進が叫ばれながらも、国内企業では女性の活躍には壁があると感じていること、また日本の将来への不透明さが海外での就労、日本脱出を決意させるのだろう。

人口減少を補う外国人

日本を離れる人びとが徐々に増えている一方で、日本国内では人口の危機的状況を補うかのような現象が静かに進行している。それはコロナ禍前まで在留外国人数が増え続けてきたことだ。日本の人口減少を実質的に補うかのように増加を続けてきた。

日本人と外国人の数を都道府県レベルで見てみよう。図3はコロナ禍直前の2019年の1年間の人口増加を示している。この間、人口が増加したのは47都道府県中、東京都、大阪府と5県しかない。

増加した都府県の人口の増加分の中身を見てみよう。

東京都では増加は9万人強だが、そのうち外国人の増加が約2・6万人を占めその割合は27・3％となる。同様に人口増加の中で外国人の増加が占める割合は、神奈川県では81・8％と過半を占める。

図3　2019年に人口が増加した都府県の人口増に占める外国人の割合

	総人口の増加（人）	外国人の増加（人）	外国人増が占める割合（%）
埼玉県	12766	15281	119.70
千葉県	8582	11454	133.47
東京都	94193	25669	27.25
神奈川県	19921	16287	81.76
愛知県	10221	20201	197.64
大阪府	637	16781	2634.38
沖縄県	5369	3195	59.51

「2020年1月住民基本台帳に基づく人口」人口動態及び世帯数（総務省）、
2018、19年末在留外国人数（出入国在留管理庁）

出生率の一番高い沖縄県でも59・5％で、その他の県ではトータルの人口は増えているものの日本人の人口は減少しており、外国人の増加によって人口増を維持していることになる。本格的な人口減少が始まる2020年代以前から、すでに外国人がいなくては人口維持がままならないのが各地域の現実である。

そして2022年10月1日現在では東京都以外のすべての道府県が、人口減少する結果となった。外国人の増加だけではもう間に合わないレベルで日本人の減少に拍車がかかっている。つまり、外国人を受け入れても日本の人口減少は止まることはない。それほど人口減少のスピードが速い段階にすでに日本は入っているのである。

図4　女性の年齢別人口（2022年12月現在）

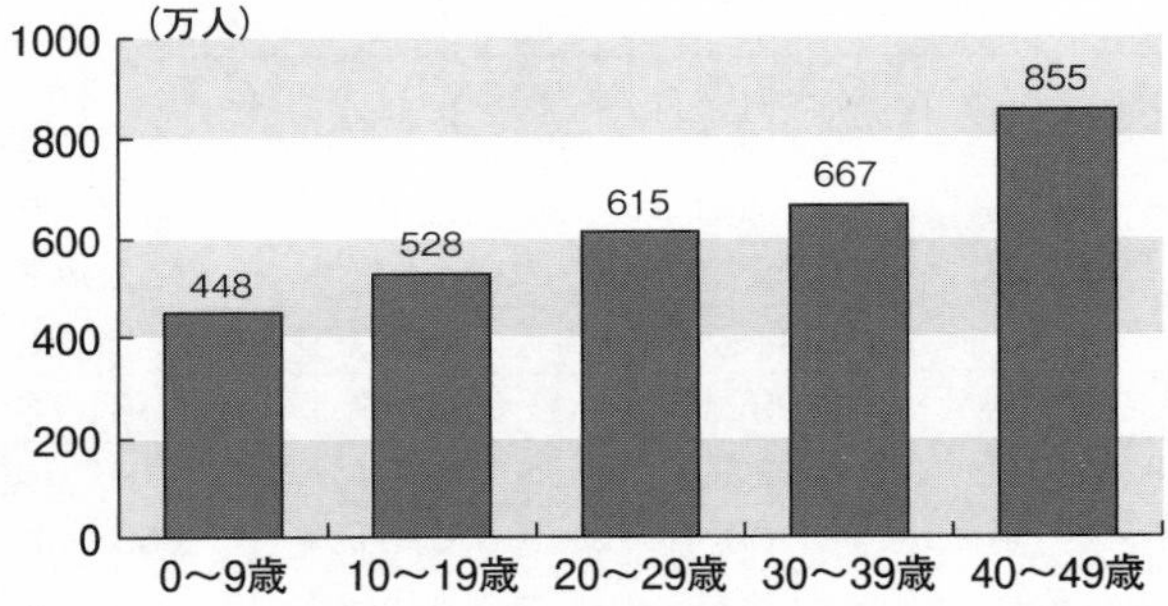

（総務省「人口推計」2022年12月報を元に筆者作成）

新人口政策（PX）の必要性

2023年初頭、岸田政権は異次元の少子化対策を打ち出したが、過去、何度も少子化対策は行われたにもかかわらず、少子化が止まることはなかった。そもそも結婚する若者が減っており、経済的理由で結婚できない、また経済的に可能であっても必ずしも結婚を望まない若者が増えているからである。

日本は婚外子が極めて少なく、結婚を増やさない限り、子どもは増えることはない。さらに、年齢が下がるほど男女とも人口が少なく、仮に出生率が上がっても、時間の経過とともに各年齢の人口が少なくなるため、生まれる子どもの数は減っていく（図4）。

日本経団連では、2022年2月に「Innovating Migration Policies――2030年に向けた外国人政策のあり方――」を発表した。そこでは「『受入』から『戦略的誘致へ』」が掲げられている。「高度人材・現場人材ともに日本の産業競争力の強化・持続的成長に必要なターゲットを明確に定め、その誘致に注力することが求められる」とし、「日本の将来像を見据えた、質量両面で十分にコントロールされた秩序あるもの」であることが必要と説く。

こうした姿勢を、政府は資源エネルギーの政策では以前から実施している。世界の資源状況を把握しながら、一方で、二酸化炭素の排出の抑制を図り、適切なエネルギーミックスを考えている。さらに資源エネルギー庁はこれからの成長戦略として、デジタル化（DX：デジタル・トランスフォーメーション）とともに、脱炭素につながるグリーン化（GX：グリーン・トランスフォーメーション）を掲げている。一方、人口問題、外国人受入れについての政策はまったくそうした発想が乏しく、将来構想・展望が大きく欠けている。

本来、GDPや持続可能性に直結する日本の成長戦略の基盤に、人口問題は据えられるべきだ。そうであれば、新人口政策（PX：ポピュレーション・トランスフォーメーション）が必要なはずだ。そして単に少子化対策で終わるのではなく、さらに現実的な人口減少対策として、移民政策はその柱として位置付けられる必要がある。人口維持のための抜本策として期待されながらも効果がなかった〝地方創生〟を全面的に見直し、活躍する外国人青年を積極的に受入れ、人口の若返りを図る新たな地方創生に着手する必要があるだろう。

避け続けてきた移民政策

これまで政府、自治体は手を替え品を替え、考えうるすべての少子化対策を行ってきた。しかし、そうした努力は成功しなかった。人口対策は失敗もしくは極めて小さい効果しかもたらさなかった。

その現実を直視すれば、日本がこれまで禁じ手として封印してきた政策、移民政策に真正面から取り組まざるを得ないと筆者は考える。すでに政府は外国人の定着の促進を図っている現実もある。

本来、移民政策とは——大量の外国人を不見識に受入れることではない。その逆であり、十分な受入れ体制を整えることで、世界中の人びとから日本が「選ばれる国」になるための制度を作ることだ。日本の人口減少が避けられないのであれば、世界から若く優秀な人材を受入れ、日本人と彼らが協力して日本の再生を果たしていく必要がある。それが本来の移民政策であり、日本ではゆがんだ移民、移民政策のイメージが一部に広がってしまっている。

コロナ後の経済回復期には世界で人材獲得競争が起こりつつある。その中で日本は魅力のある国として位置付けられるのか、海外から見て「選ばれる国」になれるのか。「選ばれる国」になるための政策こそ、移民政策と言える。

ではこれまで日本に移民政策がないために、定住する外国人、すなわち移民は入ってこなかったのだろうか？

現実は異なる。コロナ禍直前まで実質的には移民と考えてよい在留外国人の数は増え続けた。政府の移民政策のない中で、すでに300万人を超える外国人が定住し、彼らの労働力なしに社会は回らない状態となっている。しかし、定住を想定した政策が取られなかったため、在留外国人の多くが読み書きなどの日本語の能力が不十分であることが常態化している。そうした外国人はホワイトカラーの職に就くことができず、非正規雇用や派遣・請負労働のままでは経済的な安定が得られず、社会の分断を招きかねない。

かといって、少子高齢化が進む日本で、近い将来、外国人がいなくてよいという選択肢はありえない。仮に外国人労働者の受入れをシャットアウトし、彼らに働くことを止めさせれば、介護などを含め人手不足が深刻な業界はお手上げとなる。人材不足が死活問題となった企業は、背に腹は代えられないと、観光ビザで来日させオーバーステイさせて働かせる違法な斡旋者《あっせんしゃ》に頼ることになりかねない。不法状態を蔓延させないためには、正規に外国人労働者を受け入れる道しか日本にはないということだ。

「移民ジレンマ」

すでに外国人の力を借りずに日本の社会が回ることはなく、彼らの存在は社会の各層に組み込まれている。エッセンシャルワーカーをはじめ、ホワイトカラー、ブルーカラーの双方において、彼らは日本にとり必要不可欠な存在となっている。

人口急減下の日本で、すでに広島県の人口を上回る外国人が定住していることを客観視すれば、一過性の労働者ではなく、定住し、社会の一員として活躍する外国人の受入れの必要を多くの国民は理解するだろう。しかし、それが実現しないのは日本人の感情が追いついていない、つまり心の底では受入れたくないからなのだろうか？

そうした面も残っているだろう。しかし、人口減少と人手不足の現実をすでに国民は直視している。と同時に、コンビニをはじめ、すでに多くの職場で外国人が働いている事実を知っている。外国人の定住化、つまり移民について強い拒否感を持つというのは一昔前の話ではないか。現時点では国民の大半は外国人の必要性を理解し、強い反対意識を持っていないと考えられる。

しかし、人口減少の危機に瀕しながら政府は移民受入れを表明したことはない。政府はすでに外国人の定着を図る政策を進めているが、多くの国民は、その事実を知らず、政府は外国人の定住を前提とする移民政策を拒み続けていると考えている。人口激減に直面しながら、政府が移民政策を表明できない状況は「移民ジレンマ」と呼んでよいだろう。しかし、そこから脱却しないことには、日本は外国人の受け入れを拒む国とのレッテルはついて回り、また国民の意識の転換も進まない。不毛な移民論争から一刻も早く脱却する必要がある。

このジレンマから抜け出すためには、なぜ移民が日本でタブーになったのか、タブーの本質を明確に理解することがなければならない。

2023年1月、移民、難民についての研究のため日本を訪れたボストン大学のピーター・スケーリー教授の依頼で筆者は面談をした。日本は初めてだという同教授が最初に質問したのは、日本はなぜ、人口減少がこれだけひどい状況になるまで、移民受け入れ政策をとらなかったのか、だった。実はこの質問は、移民や難民の専門家だけではない。日本を訪れるほとんどの外国人の学者が発する問いだ。いや学者に限らず、政治家・経済人らも同様の疑問を投げかける。なぜ、先進国のどの国も移民政策を持つのに日本はそれを拒否するのかという問いだ。

本書はまさにそれを明らかにすることを目的としている。タブーから抜け出せないことは、人口減の加速化の容認であり、将来世代への責任放棄とも言える。

日本の将来を考えて行動するのが本来の政府の役割であるとすれば、一部に反発があるからと議論を避け続け、先送りしているのは無責任と言わざるを得ない。政府には移民についての誤ったイメージ、誤解を解く丁寧な説明が必要だろう。

次章では移民タブー化がいつから始まり、移民ジレンマがどのように進展していったのかを見ていきたい。移民タブーの歴史は、実は極めて短いことに驚くかもしれない。

第2章

移民政策がなぜタブーとなったか

前章では人口減少が日本にもたらす危機について考えた。そして打開策として従来、避けられてきた移民政策の必要性を述べた。しかし、移民問題は日本ではタブー視され、人口減少という危機に陥りながらも、移民問題に正面から向き合えない「移民ジレンマ」から日本は抜け出せないでいる。

前章でフォーリン・プレスセンターでの講演について触れたが、その際、外国人記者からの質問が集中したのは、日本人の移民に対する意識だった。日本人の移民を避ける傾向は変わることはあるのかという問いが繰り返し発せられた。

本章ではなぜ日本で移民がタブー視されるようになったのか、その過程を政治と政府の動きを中心に詳細に見ていきたい。タブー化の過程を分析することが重要なのは、そのことこそがタブーの実態を明らかにすることであり、タブーからの脱却につながるからだ。

小渕政権「移民政策へ踏み出す」

移民について政府は議論を避け続けてきたわけではない。むしろ、過去には大胆な受入れ政策が議論されていた。それは20世紀の最後の時代に遡る。

２０００年の直前、小渕恵三内閣では、「**21世紀日本の構想**」**懇談会**が創設され、その中で21世紀の日本のあり方が議論された。その議論のまとめとして2000年3月に出版されたのが『21世紀日本の構想――日本のフロンティアは日本の中にある』（講談社）だ。

この懇談会は阪神・淡路大震災の後にボランティア、NPOの活動が活発化したこと、また世界的な市民社会の活動の活発化を背景として、「統治からガバナンス（協治）へ」とのキャッチフレーズが示すように市民の政治への参画、市民活動に力点を置いていることに特徴がある。

この構想の中で21世紀の日本の課題として少子高齢化が取り上げられた。その対応として、女性の社会と労働への参画とともに、外国人の受入れを重要な選択肢として掲げた。

この懇談会でまとめられた構想「21世紀日本のフロンティア」の中に**「移民政策へ踏み出す」**という項目がある。これは政府として正式に移民政策を取り上げたという意味で画期的な出来事と言える。ではそれはどのような内容だろうか。

以下は「移民政策へ踏み出す」の項目の中身だ。


日本に居住する外国人の数は総人口の1・2％を超えた。居住外国人のうちでは、新たに目的をもって来日した外国人の割合が65％に上る。とは言え、外国人の総人口比は先進国では決して高くなく、日本では「定住外国人政策」が「出入国管理政策」の一環で考えられてきたものの、**法的地位、生活環境、人権、居住支援などが総合的に勘案された外国人政策は未発達**のままで来た。

しかし、グローバル化に積極的に対応し、日本の活力を維持していくためには、21世紀には、多くの外国人が普通に、快適に日本で暮らせる総合的な環境をつくることが不可避である。「**一言で言えば、外国人が日本に住み、働いてみたいと思うような移民政策**」**をつくること**である。国内を民族的にも多様化していくことは、日本の知的創造力の幅を広げ、社会の活力と国際競争力を高めることになりうる。

ただ、一気に門戸を開放し、自由に外国人の移住を図るのは望ましくない。日本社会の発展への寄与を期待できる外国人の移住・永住を促進する、より明示的な移住・永住制度を設けるべきである。そして、日本で学び、研究している留学生に対しては、日本の高校・大学・大学院を修了した時点で、自動的に永住権が取得できる優遇策を考えるべきである。

これを読んで大きな違和感や反発を感じる人は少ないのではないだろうか。

最初に、日本では外国人政策は未発達であったことの事実を述べ、今後は日本の活力を維持するために、外国人が日本に住み、働いてみたいと思うような「移民政策」をつくる必要があるとする。

しかし、その受入れは一気に行うのではなく、日本社会の発展への寄与を期待できる外国人の移住・永住を促進する。そのために、より明示的な移住・永住制度を設けるという流れになっている。

これは現在でも十分に通用する論理であり、また人口減少が進み、在留外国人が増加した今、この方針について、国民の理解を得ることはそれほど難しくないだろう。

小渕内閣の内閣官房で「21世紀日本の構想」懇談会担当室長を務めた和田純・神田外語大学前教授は２００４年6月29日に同大学で行われた講演で以下のように述べている。[5]

> 最大の課題は外国人受け入れに向けての総合政策がないことだ。関係省庁間の調整機能が充分でないだけでなく、国と自治体のずれも大きく、生身の人間を社会の新構成員として受け入れ、ともに努力して共存を実現していくため総合政策＝移民政策が欠如している。（中略）外国人が日本で暮らしたい、日本に住みたいと思うような

「魅力ある日本の創出」まで含めた長期的で総合的な戦略を持つことが、移民政策の鍵となる。日本はいよいよ、こうした岐路に差し掛かっていると認識すべきである。

この講演では明確に日本の外国人受入れの現状と政策の課題が指摘されている。この「魅力ある日本の創出」は菅義偉《すがよしひで》政権で示された「選ばれる国」に通じる認識と言える。

では、なぜその後、移民政策は放置され、ついにはタブーになってしまうのか。

この提言の直後、小渕首相は2000年5月14日、突然亡くなり、政権は終焉《しゅうえん》を迎える。政策として実を結ぶことはなく、議論も行われないまま、森喜朗政権が始まる。森政権では移民の議論が行われることなく、国内で移民の議論は低調な時期が続く。

移民1000万人受入れ――福田内閣

次に自民党内で移民政策が議論されるのは小渕政権から10年近くが経過した2008年、福田康夫総理の時代だ。

第一次安倍政権で幹事長を務めた中川秀直衆議院議員が会長を務めた外国人材交流推進議員連盟がその火付け役となった。この連盟には多くの議員が名前を連ね、2008年6

月には移民政策を正面から取り上げた「人材開国！　日本型移民政策の提言」が発表されメディアの注目を集めた。

唐突とも言えるこの提言では、移民庁の設置や永住許可要件の緩和などに加え、今後50年間で1000万人の移民を受入れることを示唆する極めて大胆な提言が示された。

しかし、この「1000万人移民受け入れ」という刺激的なフレーズは痛烈な批判を招いた。なぜなら、人口減少対策として、少子化対策や女性や高齢者の活用について触れず、日本の人口危機の解決には移民受入れが必要との論調は、強引な印象を与えたからだ。

また「1000万人」という数字が独り歩きし、「大量の移民の受入れ」は日本の国のあり方をゆがめるもの、安心・安全な社会を揺るがすものとの批判がとりわけネット上では渦巻いた。

日本は日本人が住む国で、例外的に少数の外国人が生活するといった認識がまだ根強い風潮の中で、50年間とはいえ、いきなり1000万人という強烈な数字は驚きと同時に反発を招く結果となった。この提言は政治的なアドバルーンであり、世論や関係者の反応を見ることも想定されていたのかもしれない。

いずれにせよこの提言は福田総理の退陣時期とも重なり、政策として実を結ぶことはな

図5　小渕政権と福田政権の移民政策

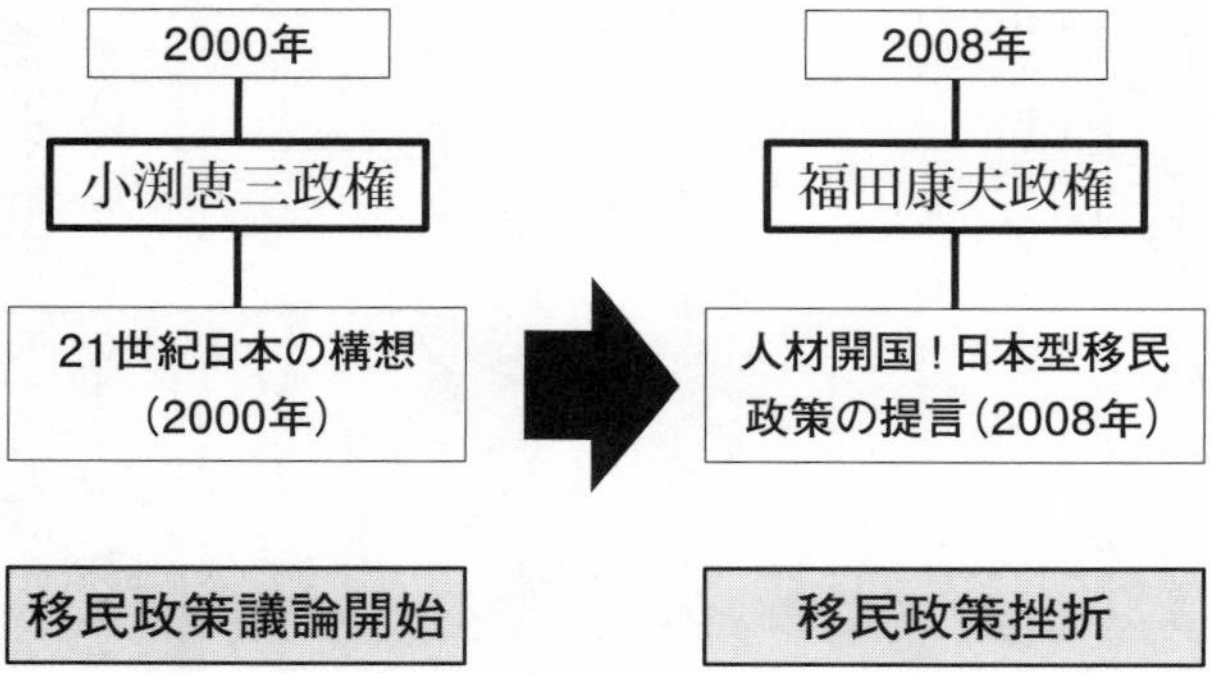

かった。むしろ、この提言はその趣旨と逆に、移民についての反対を促進させるきっかけになったのではと想像される。

なぜならその後、麻生太郎政権、さらに民主党政権を経て、2012年12月の第二次安倍政権へと続くが、人口減少は深刻度を増していきながらも、移民についての「タブー度」は高まっていったからだ。

図5は小渕政権と福田政権内での移民政策の議論の推移だが、いずれも十分な議論が行われることなく、次の移民タブー化の時代へと移っていく。

移民のタブー化の始まり

では移民のタブー化はいつ始まったのか？

図6　中国、韓国に対して親しみを感じると回答した比率

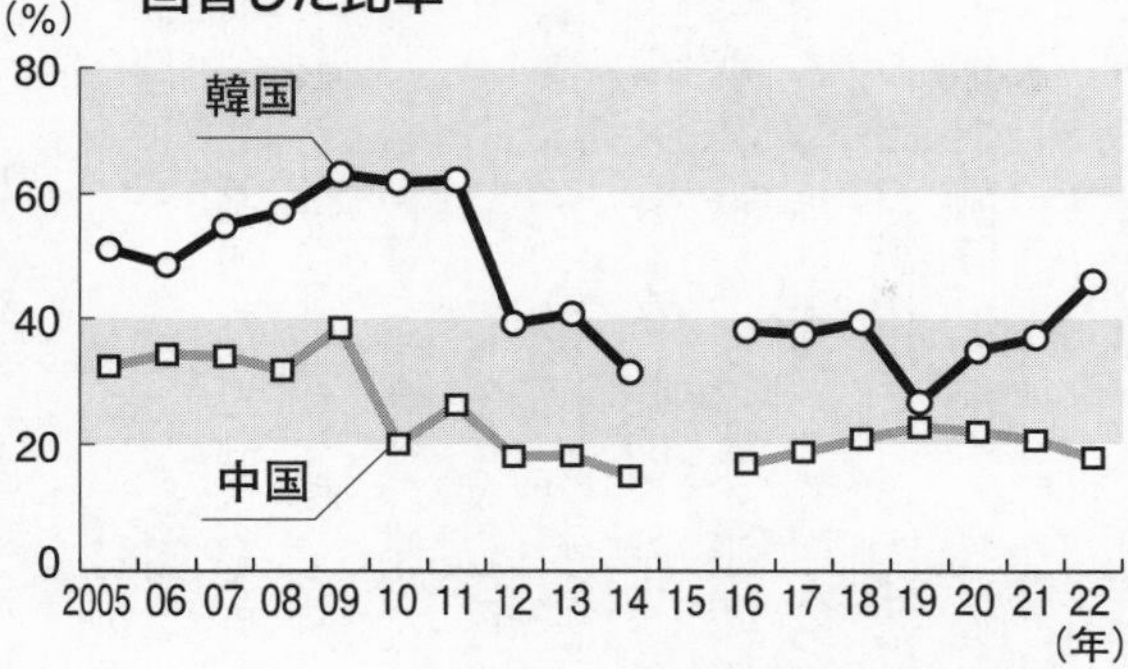

（「外交に関する世論調査」各年より）
2015年は実施されず

移民について社会の雰囲気が変わったのは２０１０年、それは対中国、対韓国関係の悪化によるものと筆者は考える。移民と直接関係がない外交関係がタブー化をもたらした。

中国との関係でいえば、２０１０年５月に温家宝総理が来日し、「戦略的互恵関係」の議論が進展したものの、同年9月の尖閣諸島中国漁船衝突事件、２０１２年の都知事による地権者からの買収計画、国有化以降、対中関係は一挙に悪化した。その後、中国での反日デモと日本企業等への破壊行為なども発生した。

図6は、内閣府による世論調査の結果で、中国及び韓国に対して親しみを感じるかどうかを聞いている。２０１０年を境に対中国、

対韓国への国民感情が急速に悪化しており、大きな改善が見られないまま現在に続いている。

対韓関係では、李明博《イ・ミョンバク》政権になって、2011年8月に慰安婦問題の違憲判決、12年5月には元徴用工問題判決の差し戻しが行われ、さらに12年8月には李明博大統領が竹島に上陸する事件が次々と起こった。こうした過程を経て日韓関係が急速に悪化した。

本来、移民政策と隣国への感情はつながりがないはずである。なぜなら日本が移民政策をとるのであれば、対象となるのはまずは東南アジアなどの途上国であり、経済が発展した韓国や中国からの移民は想定しにくい。

しかし、そうした客観的な分析とは別に、移民の受入れは「中国人、韓国人による日本の乗っ取り」につながるとの議論が行われ始めた。

外国人の増加は中国人や韓国人の増加につながり、それは日本の安全保障上にとって問題であるとの言説が広がった。経済発展を遂げる中国や、日本と同水準の所得となった韓国から単純労働者が大量に入って来るとは考えにくい。大卒以上の高度人材では日本は従来から中国、韓国をはじめ世界から**数の上限を設けることなく受入れ**をしており、その結果、多くの中国人、韓国人がすでに日本で働き定住している。しかし現制度についての反

図7　日中・日韓対外関係の悪化図

中国	2010年9月	尖閣諸島中国漁船衝突事件
	2012年9月	国有化と中国国内での反日デモ

韓国	2011年8月	慰安婦違憲判決
	2012年5月	元徴用工賠償判決
	2012年8月	李明博大統領竹島上陸

対論は聞かない。中国、韓国からの移住者を警戒するのであれば現在の制度自体を批判すべきで、中国、韓国からの受入れは極めて少ない単純労働の受入れについて批判するのは当たらないことになる。

しかし、結果として、外国人の増加につながる移民政策は、日本の国のあり方をゆがめ、日本文化を台無しにしかねない危険な政策との批判が高まった。図7は対中、対韓関係の悪化を示したものだが、ほぼ同時期に両国への国民感情は悪化している。

２００６年から始まる安倍政権は、対外関係の悪化の中で保守的な色合いを持っていたと言える。たとえば、政権発足当時から「戦後レジームからの脱却」を掲げ、さまざまな改革に取り組んだ。青少年の道徳心や規範意識への懸念をもとに教育基本法の改正の実施や防衛庁の防衛省への格上げなど、保守的と見られる政策がとられた。

対中国、対韓国関係の悪化に加え、国内の保守的傾向が移民について、政治家や政府が距離を置かせる姿勢につながったのだと想像できる。

外国人の地方参政権

移民議論がタブー視されたもう一つの大きな理由がある。それは外国人の地方参政権を巡る政治論争だ。

参政権については、憲法第十五条において「公務員を選定し、及びこれを罷免することは、国民固有の権利である」と定められている。しかし、数十年にわたり日本に在住し日本人とほぼ変わりない生活を送っている「特別永住許可」を持つ在日韓国人に対して、外交や国防にかかわらない地方選挙において参政権を認めてもよいのでは、との議論が行われてきた。

1993年9月に大阪府の岸和田市が全国で初めて定住外国人への参政権付与を政府に求める決議を行ったのを皮切りに、同様の動きが各地の自治体で行われた。

1995年2月には最高裁判決で、すべての外国人に国政レベル・地方レベルを問わず、参政権は憲法上保障されないとしながらも、傍論《ぼうろん》部分において、地方レベルの参政権については法律による付与は憲法上禁止されていないとして、立法によって外国人に選挙権を認める初の憲法判断を下した。

この判決の後、自民党を含め各党では特別永住者への地方参政権の付与について議論が活発化した。付与の是非を巡ってさまざまな意見が交わされたが、自民党においては最終的に反対派が多数を占めることになった。

一方、1998年に結成された民主党は2009年8月の衆議院選挙で大勝し政権交代を果たす。この年の「民主党政策集 INDEX 2009」では「民主党は結党時の『基本政策』に『定住外国人の地方参政権などを早期に実現する』と掲げており、この方針は今後とも引き続き維持していきます」[6]と明記している。

しかし、民主党政権下では永住外国人の地方参政権付与の検討の着手はなされたものの、本格的な議論は不十分なままの状況が続いた。民主党政権下では総理が目まぐるしく変わった。このことに象徴されるように政権が安定しない中で東日本大震災をはじめとする難題が続発し、外国人参政権の問題をじっくりと議論する余裕がなかったのだろうと、推測される。

一方、当時、野党の立場にあった自民党は外国人参政権について民主党の姿勢に真っ向から対立する姿勢を示すようになった。

同党のホームページでは、「外国人参政権付与法案　断固、反対します！」とのタイトルのもとで、以下のような見出しをつけて厳しく批判している。[7]

韓国で成立を約束した小沢幹事長

民主党の小沢幹事長は、昨年、韓国を訪問した際、李明博大統領に「（在日韓国人への参政権付与を）実現できるように努力したい」と述べています。

早期成立へ意欲を示した鳩山総理

鳩山総理は、「日本列島は、日本人だけのものじゃない」と発言して物議を醸した経緯があり、先日の予算委員会では、「（法案について）私は積極的な考えをもっている」と答弁しています。

さらには、「地方自治体が危ないその理由」として、「わが国には、隣国と接する島々に小さな町村があります。そこに外国人が多数移り住めば、合法的に行政に対して多大な影響力を持つことができるようになります。その意味で、この外国人参政権問題は、地方自治ひいては国家のあり方にも影響するのです」としている。

地方参政権の問題は単なる制度上の問題を超えて、国家のあり方にかかわるという認識がここでは示されている。こうした主張は日中、日韓関係の悪化によって力を増し、一部の人びとの「国家意識」に火をつけ、地方参政権を巡って、「売国奴」「非国民」といった言葉が飛び交う感情論の議論を引き起こすことにもつながった。

２０１２年12月16日に行われた衆議院議員総選挙では、民主党は57議席と２００９年の総選挙の５分の１の議席しか得られず惨敗を喫した。政権を奪回した自民党は地方参政権反対の立場を維持している。

ヘイトスピーチの蔓延

対外関係の悪化を受けて、在日韓国人、中国人に対するヘイトスピーチも各地で盛んに行われるようになった。法務省委託調査研究事業として公益財団法人人権教育啓発推進センターが実施した「ヘイトスピーチに関する実態調査報告書」（２０１６年３月）によれば、

2012年4月から2015年9月までの3年6カ月間に、全国でヘイトスピーチを伴うデモ等の発生件数は、1152件に上る。年間にすると約329件、毎日どこかで活動が行われていると言ってよいほどその件数は増加した。

またネット上では、「嫌韓」「嫌中」「反リベラル」とともに「反移民」といったテーマについて右翼勢力が活発な活動を行いネット上で影響力を増していった。

この外国人参政権の問題と移民受入れは異なるテーマではあるものの、近隣との外交関係による影響を受けるテーマであること、また国民感情に火がつきやすいという点で共通点がある。地方参政権付与のテーマが政治的な論争の道具として使われ、その挫折が移民政策の議論にも大きなマイナスの影響を与えたと言えるだろう。

しかし、本来、人口減少に直面する日本において外国人受入れの議論は、避けては通れないはずである。そうであれば、**望ましいのは与野党が歩み寄り超党派で外国人の受入れのあり方を議論し、共通のコンセンサスを得る**ことだろう。

現実には外国人の地方参政権が政治駆け引きの道具にされたように、2019年の新たな在留資格、特定技能の創設を巡る議論においても、与野党対立の争点になってしまい、本質的な議論を行うことはないまま政治対決に陥った。足の引っ張りあい、国民の受けを

図8　移民タブー化のプロセス

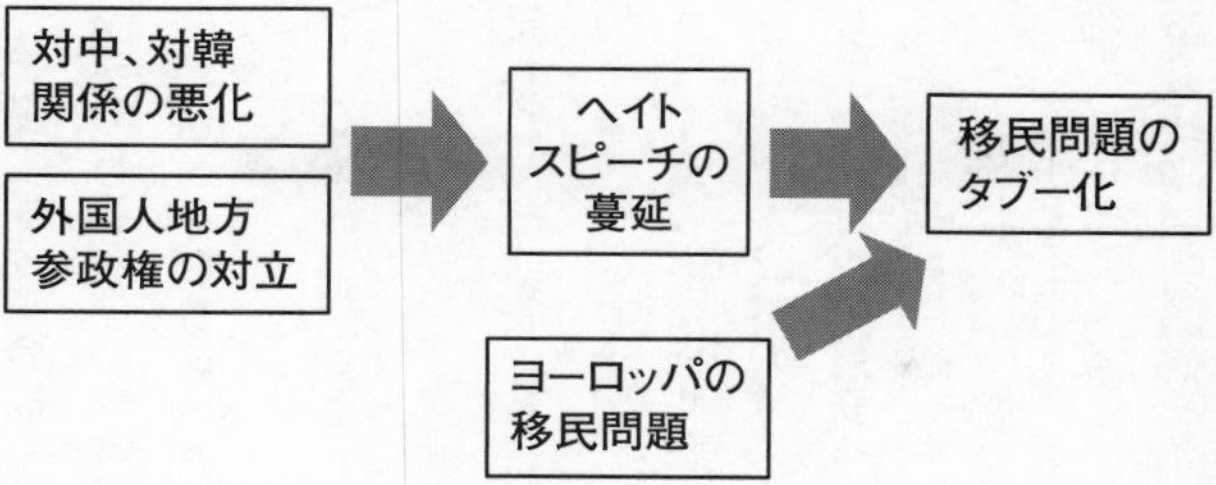

狙った議論の中で採決が行われる状況となってしまった。

図8は移民タブー化のプロセスを示したものだ。対中、対韓関係の悪化と地方参政権付与を巡る政治対立が火を噴き、一部の人びとによるヘイトスピーチにまでエスカレートした。そうした雰囲気の中で、移民イコール国家の安全への脅威としての認識が広がり、一挙にタブー視されるようになっていった。

さらにこの図にあるように後述するヨーロッパで移民・難民が深刻な問題と報道されるようになったことの影響も大きい。それが国内においても移民タブー論をさらに加速させる結果となったと言えるだろう。

安倍政権の「1億人維持」への固執

では移民の議論は封印されてしまったのだろうか？

人口減少が深刻化する中で、実は水面下で議論は行われてきた。民主党政権の後を受けて2012年12月に自民党第二次安倍政権が発足する。政権発足から首相が進めた経済政策「アベノミクス」をまとめたのが経済財政諮問会議である。経済財政諮問会議は、骨太の方針を決定する役割を果たす経済財政政策の最重要機関だ。

議長を務めるのは安倍首相であり、経済財政政策担当相や財務相ら関係閣僚と企業経営者や学識者らによって構成されており、その議論は次年度の政府予算に直接反映される。発足した第二次安倍政権では中長期の日本の繁栄の礎として、**「50年後に人口1億人の維持」**が高々と掲げられた。その目標は日本にとって必要不可欠なものであり、安倍政権だけではなく、引き継ぐ政権においても忘れてはならない重要なテーマとされた。なぜなら、それこそが日本の未来の運命を分ける大きな道標になるからだ。

そしてその実現の道筋を示すために経済財政諮問会議の専門調査会として2014年1月に発足したのが「選択する未来」委員会である。

「選択する未来」委員会

経済財政諮問会議が次年度の国家予算の枠組みを構築するのに対し、「選択する未来」

委員会は50年後の日本のあり方を議論する点で、その役割は大きく異なった。

この「選択する未来」委員会では、会長を新日鐵住金株式会社相談役名誉会長で日本商工会議所会頭の三村明夫氏が務め、増田寛也前岩手県知事や岩田一政日本経済研究センター理事長らそうそうたる民間人によって構成されていた。

「選択する未来」委員会の初回の会合で挨拶を述べた甘利明経済再生担当大臣は、「アベノミクスを中長期の将来に向けてしっかりとつないでいく」こと、「日本の半世紀先を見据え、それまでに経済環境を中心としてどういう大きな変化が現れるか。そして、それにどう適切に対処するかの処方箋」の必要性を述べ、政府としてそれをもとに「具体的に2020年までに対応していく」と述べた。

50年後の日本という壮大なビジョンを描くこの委員会では、将来ビジョンを描くに当たって人口減少を中心的な課題と位置付けた。

なぜなら政府もまた委員会メンバーも、国立社会保障・人口問題研究所の将来人口の予測（2012年推計）は、到底受け入れがたいとする強い危機感で共有されていたからだ。その予測とは2048年には日本の人口は1億人を割って9913万人程度となり、2060年には8674万人、つまり現在の3分の2の規模まで減少するというものだった。

人口減少は経済に大きな悪影響をもたらす。それは委員会のメンバーである岩田一政日本経済研究センター理事長の発言に要約される（13回目の委員会議事録）。

同氏は人口減少のもたらす経済への悪影響について以下のように述べている（一部簡略）。

「経済の成長・発展にとって人口が減少し続けることを放置するということは極めて大きなマイナスの効果がある。人口は働く人の数が減ると、労働投入の伸びがマイナスになる。これは成長率を落とすだけではなく、退職する世代の人びとの割合が増え貯蓄率が落ちてくる。その結果、資本蓄積率、つまり、資本投入もマイナスになる」

「加えて、ワーキング・グループで分析した結果によると、経済全体の生産性、全要素生産性というが、働く人の数が1％減ると、経済全体の生産性が0・3％程度マイナスになる」

「労働投入、資本投入、全要素生産性の伸びという3つが経済成長を規定する基本的な要因であるが、それがすべてマイナスに作用してくるということである。その結果、40年代には、経済全体の生産性がマイナスになってしまう」

こうした厳しい認識のもとに議論が続けられた委員会だが、人口問題に対してどのような結論を出したのだろうか。

2014年11月、最終報告書「未来への選択――人口急減・超高齢社会を超えて、日本発成長・発展モデルを構築――」が発表された。

この提言の柱の一つは、これまでの少子化対策よりも広範囲な政策を行うべきということだ。

人口、経済、地域社会の課題に一体的に取り組んでいくことが最重要とする。地方都市では若者が大都市部に流出することから子どもの数が減る。大都市部では子どもを産み育てやすいとは言えない環境だ。それを変えるためには、地域の活性化を図り、若者が選好する子育てのしやすい地方都市を増やすとともに、大都市部の環境の改善もあわせて実現すると言うのだ。

さらに、「まちづくり、しごとづくり、ひとづくり」を三位一体で取り組む重要性を指摘する。子育てに優しい街であれば、若い人は出て行かないし、出て行っても戻ってくる。若い人、子どもが多い街は活気が継続し、新しい取り組みも生まれてくる。そうした良いサイクルが可能な地域づくりこそが活路であるという。

簡単に言えば、「選択する未来」委員会の提言は、**人口政策とは地域づくりであり、地方創生がその答え**ということになる。

委員会の最終報告書では移民については触れられていない。しかし、2014年2月24日に開催された第三回会合ではその議論が行われている。

その議論とは、出生率が2030年に2・07に回復するというケースを想定し、毎年20万人の移民の増加が続くと、人口は1億1000万人ぐらいで安定するという試算だった。一方で、移民は入れずに出生率の回復だけであれば、ほぼ9000万人で安定するという。しかし、この議論は最終報告書には盛り込まれなかった。移民の議論は、まずは日本人の少子化対策に注力すべきとのことで報告書から省かれた。

持続不可能な未来

この報告書の提出に際して「選択する未来」委員会三村明夫会長は2014年11月14日に記者会見を行った。そこでのコメントを抜粋してみよう。

「50年後、現在の3分の2、8700万人程度の人口に減ってしまい、その中で高齢化率は40%。高齢化率が40%ということは、1人の生産年齢人口が1人の高齢者を養うことで、**事実上これは持続不可能**でございます。地域が疲弊化し、日本全体の多様さが消失してしまうことになると予想いたしました」

「しかし、ここで、未来は選択できます。（中略）人口、経済、地域社会はお互いに相互連関しておりますので、そういう課題に一体的に取り組み、その相乗効果を生み出すことによって歯車の好転を狙うべきだということでございます」

「数値的な目安としましては、2020年頃を目途に少子化対策の費用、支出を倍増させる。もう一つ大切なことは、何はともあれ、14歳以下の年少人口減少を2020年までにとめて、かつ2040年ごろには全人口の減少幅の拡大をとめ、人口減少を収束させる」

「とりわけ2040年から2050、2060年までは大きなマイナスインパクトを与えます。したがって、いろいろなことをやっても、なおかつ日本の経済成長率はそこで下押し圧力を受けるということであります。それを何とか解決するためには、先ほど申し上げましたジャンプ・スタートが絶対必要である。したがって、この5、6年の施策が極めて大事になってくるということでございます」

この記者会見で**三村会長は、50年後に1億人維持できるかどうかは、ここ5、6年が勝**

負、つまり2010年代の活動次第であることを強調している。

では、その結果はどうか。総務省の人口推計によれば14歳以下の年少人口は「選択する未来」委員会が発足した2014年は総人口の12・8%（1623万人）だった。三村会長は「この5、6年の施策が極めて大事」と強調したが、2020年には12・0%（1503万人）と120万人減少しており、1982年以降39年連続の減少と減少傾向に歯止めがかかる様子は見られない。

つまり、この実態を見る限り、50年後に1億人程度の人口維持という方針は達成される見通しはなく、三村会長が「事実上、持続不可能」と述べた未来がやって来る。

さて、この委員会の報告書が将来への大方針であるとすれば、それを政府の政策に落とし込むのが「骨太の方針」だ。

2014年6月に閣議決定された「経済財政運営と改革の基本方針2014」（骨太の方針）には、「日本の未来像に関わる制度・システムの改革」という項目が加えられ、委員会の中間報告を受けて最終報告を待たずに五つの政策が列挙されている。

その中で注目すべきは最初の**「人口急減・超高齢化に対する危機意識を国民全体で共有し、50年後に1億人程度の安定した人口構造を保持することを目指す」**だ。人口急減・超高齢化は国民全体で共有すべき危機だということが明確に示されている。

その方法論としては、地域の活力を維持し、東京への一極集中傾向に歯止めをかけるとともに、少子化と人口減少を克服することを目指した総合的な政策を推進し、その司令塔となる本部を設置し、政府一体となって取り組む体制を整備するとしている。

この司令塔こそ、この年の9月3日付で閣議決定により設置されたまち・ひと・しごと創生本部であり、11月28日に公布された「まち・ひと・しごと創生法（地方創生法）」につながっていく。

地方創生という大実験

この法律の目的を記した第一条では「我が国における急速な少子高齢化の進展に的確に対応し、**人口の減少に歯止めをかける**」として、東京圏への人口の過度の集中の是正と豊かな生活を安心して営むことができる地域社会の形成を謳《うた》っている。

こうして50年後の人口1億人維持の切り札として地方創生は華々しいスタートを切った。初代の地方創生の特命担当大臣に、当時自民党の幹事長を務めていた石破茂衆議院議員が就任し、国民的な関心が集まった。

この地方創生の政策では極めて大胆な計画が作られた。まず政府は総人口の将来の姿を示した「長期ビジョン」と今後5カ年の「総合戦略」を策定する。それと並行して全国すべての自治体に対して、国と同様にそれぞれの地域の将来人口の姿を示した「地方人口ビジョン」と今後5カ年の「地方版総合戦略」の策定を求めた。

つまり、国と全自治体が人口減少に歯止めをかける計画を策定する。その策定に基づいて全国で政策を進めれば、人口減少に歯止めがかかるという壮大なシナリオだった。

しかし、実際はそうはならなかった。人口減少の歯止めはまったくかからず地方創生は見事に失敗した。

なぜか？「選択する未来」委員会のメンバーについて、日本の50年後のあり方を議論するのにふさわしい人たちとはいえ、肝心の人口学者が不在だった。

世界の人口学者の間で常識と言ってよいのは近代国家、民主主義国家において、政策によって出生率を上げることは不可能に近いということだ。日本以外の先進国はすべて何らかの移民政策をとっていると言っても過言ではないが、出生率の向上が可能であれば、それらの国も移民政策をとる必要などないだろう。

だが失敗した地方創生

以上を整理すれば第二次安倍政権としては人口減少を重点政策として掲げ、50年後に人口1億人維持を目標設定した。それを議論する「選択する未来」委員会では**移民の提言は行われず、地方創生が切り札と位置**づけられた。現実には委員会の最終報告を待つことなく、骨太の方針が形成され、人口減少に歯止めをかけるために、安倍政権の最大の目玉政策として地方創生がスタートした。

「地方創生元年」とされる2015年以降、政府は希望出生率1・8を目指し、さらに人口維持水準の出生率2・07を最終目標としてさまざまな施策が実施されてきた。

2014年の出生率は1・42であり、翌年は1・45まで上昇した。しかし、その後減り続け、2020年には5年連続の減少となり1・33にまで下がってしまった。毎年1兆円規模の地方創生事業を行いながら人口減少に歯止めをかける点では成果はまったくと言ってよいほど上がっていない。

しかし、その問題に対する根本的な反省は行われていないように見える。地方創生の現在の焦点はリアルな人口の増加は難しいとして「関係人口」の増加へと移ってしまった。

「関係人口」とは、移住して地域の住人にカウントされる「定住人口」ではなく、単なる観光旅行者でもない一定の地域や地域の人びとと何らかの関係を持ち複数回、来訪、短期滞在する人びとのことを指す。地域の定住人口の維持ですら難しいとの現実があるからだ。

そもそも、関係人口を増やしたところで、日本の総人口の減少への歯止めとはまったくならない。地方創生が当初、目指した人口減少の歯止めという役割はすでに放棄されているようだ。

「選択する未来」委員会が発足した年の「骨太の方針2014」で、50年後に1億人程度を維持という方針が示されたのは先に述べた。翌年の「骨太の方針2015」でも同様の方針が示されているが、これが最後で**2016年の骨太の方針からは50年後に人口1億人程度のフレーズは消え、代わりに「1億総活躍」がキーフレーズとして入った。**

外国人労働者という選択

これまで移民が政治的にタブー化され、それを避けて人の維持を図る政策が挫折するプロセスを見てきた。移民を受け入れない中で、人口減少、人手不足はますます悪化の一途をたどって来た。そこで、政府がとったのは移民ではない、一時的な「外国人労働者」の受入れだ。

移民と外国人労働者は何が違うのだろうか？

政府の考えは、外国人労働者は定住を前提としない、人手不足を補うための一時的な労働者を意味する。多くがホワイトカラーの職に就く大学を卒業した高度人材であれば外国人は定住しても問題はないが、ブルーカラーの分野の外国人労働者の定住は認めないというのが政府の従来の考えだった。高学歴化が進んだ今、大卒者がそのまま高度人材と言えるのか？　と疑問を感じる読者も多いだろうが、現時点ではそうした割り切りがされている。

ではなぜホワイトカラーの労働者はよくて、人手不足がはなはだしいブルーカラーの労働者はダメなのだろうか。

日本は世界的に見て人口の多い国だ。1970年代前半まではもてあます国内労働力のはけ口として政府は南米への移住を斡旋していたほどだった。時代は変わったが、いまだにブルーカラーの労働者は必要ないという前提に立っている。また他の先進国も基本的に同様のスタンスをとっている。

しかし、日本は他国と異なる現実がある。少子化の進行と高学歴化によって、エッセンシャルワーカーと呼ばれる介護をはじめとして、運送業、サービス業などの分野での人材が減り続けている。これは一時的な労働者不足ではなく、今後さらに深刻化が予想される。

ＩＴ化、ＡＩ化が進むとブルーカラーの労働者は余るのだろうか？　省力化され人が余るのはむしろホワイトカラーの分野であり、介護など人が機械やコンピューターで置き換われない業種がたくさんある。ただ単にブルーカラーといっても、高度な技術や経験、さらに現場の知識、気配り・機転が必要な業種も多く、そうした熟練した人びとはホワイトカラーの職種以上に高給を得ることもできる。またそうした業種の人材は年月をかけて技を磨き、職人や技能士として高度な人材となっていく。

ブルーカラー層の減少は、町工場で活躍する「ものづくり」の職人の技や伝統の枯渇を意味する。彼らの技をだれが引き継ぐのだろうか。実際には後継ぎがいなくて廃業する中小企業が後を絶たないのが現実だ。

その意味で日本では、高度な技術や賃金につながるブルーカラーの人びとはホワイトカラーと同様に定住を前提に受け入れる必要があるのだが、まさに単純に「単純労働」とひとくくりにされて一時的な労働者としてしか受入れない仕組みになっていた。

人口減少への対応だけではなく、日本の産業、生活の土台を掘り崩さないためには、一時的な労働者の受入れでは機能しないことは明らかだ。

そうした状況の中で新たな外国人労働者受入れ制度である「特定技能」という在留資格が生まれることになる。

「骨太の方針２０１８」では、「新たな外国人材の受入れ」という項目が作られ、就労を目的とした新たな在留資格の創設が位置付けられた。これは年末の国会で台風の目となった在留資格「特定技能」を意味する。

２０１８年2月20日の経済財政諮問会議の際、安倍総理は在留期間の上限を設定し、家族の帯同は基本的に認めないといった前提条件の下、真に必要な分野に着目しつつ、制度改正の具体的な検討を指示した。

「骨太の方針２０１８」では「従来の専門的・技術的分野における外国人材に限定せず、一定の専門性・技能を有し即戦力となる外国人材を幅広く受け入れていく仕組みを構築する必要がある。このため、真に必要な分野に着目し、移民政策とは異なるものとして、外国人材の受入れを拡大するため、新たな在留資格を創設する」との文言が盛り込まれ、閣議決定された（傍点筆者）。

２０１８年11月、政府はこうした考えに基づいて、入管法及び法務省設置法の改正法案を提出した。これに対して国会では大論争が巻き起こった。野党が反対したのは技能実習制度でのさまざまな問題が噴出する中で、その解決なしに新制度を作ることへの反発からだった。一方、自民党内からも反対の声が上がった。

それは特定技能制度が外国人労働者の定住化の可能性を持つものであることから、一部の自民党議員から「移民政策ではないか！」と声高に反対の意見が出され紛糾した状態になった。そして18年12月8日、国会での深夜に及ぶ論争の後、特定技能の新在留資格が成立した。

特定技能制度とは

紛糾した国会での審議を経て、入管法の改正によって新たに「特定技能」と呼ぶ在留資格が付け加えられた。特定技能1号は「相当程度の知識又は経験を必要とする技能を要する業務に従事する活動」であり、2号は「熟練した技能を要する業務に従事する活動」となっている。この2号については「滞在中に高い専門性を有すると認められた者について、在留期間の上限がなく、家族帯同を認める」とされた。

ブルーカラーの外国人労働者に定住の道を開いたことは画期的と言えるが、大きな問題を抱えた船出となった。なぜなら、国際貢献を目的としながら実際はブルーカラーの分野での労働力として利用していた技能実習制度がそのまま継続されたからだ。つまり、企業にとってブルーカラーの外国人労働者を雇用する際に二つの選択が生まれることになった。

企業が慣れ親しんでいるのは研修という建前ではあるものの、実際は安価な労働力確保の手段であった技能実習制度であり、新たに生まれた技能実習制度に対して企業はそれほど関心を示さなかった。

企業にとって特定技能制度の最大のデメリットは、この在留資格を持つ労働者は転職が可能という点だ。逆に言えば、技能実習制度では他の企業に移動することができない縛りがあり、それは企業にとっては大きなメリットと言えた。

だが、それはたしかに企業にとってメリットと言えるが、労働者からすればブラック企業であっても他の企業に移れない制度ということになる。しかも、来日する諸費用を払うために母国で多額の借金を背負って来ている。帰国したくても帰国できない事情がある。こうした点について人権上問題があるとして、技能実習制度が米国や国連から一種の奴隷制度ではないかとの非難を受ける原因となっていた。

またさらに大きな矛盾は、技能実習生はその終了後、特定技能へ移ることができることになった点だ。国際貢献を目的とする技能実習制度と外国人労働者を雇用する特定技能は目的がまったく異なる。技能実習生は本来、日本で得た技術を母国で活かしてこそ、その制度の意味があるが、それが日本で働き続ける特定技能に連結する制度がいつの間にか作られてしまった。つまり、技能実習生の修了者は特定技能に横滑りできることが認められた。

特定技能2号については従来、2業種に限られていたが、2023年4月、全分野に政府は拡大する方針を示した。これについて、国会では「移民政策」ではないか、との懸念の声が上がっているという。しかし、これまでも高度人材は数の制限なしに受入れているが移民だとの反対はされていない。つまり、移民とは現場労働の外国人をさすのだろうか。しかし、ホワイトカラーはＡＩの活用で充足できても、エッセンシャルワーカーを含む現場の労働者の不足は続く。

高度人材ＯＫ、現場労働者は移民なのでダメとは、現場で働く日本人に対しても失礼ではないのか。おそらく日本語ができない、日本になじまないことへの懸念だろうが、それは、受入れ方次第で一律に「移民」と切り捨てるべきではないだろう。

これまでの動きをまとめてみよう。

移民タブー化まとめ

20世紀の最後、小渕政権の時代には、人口減少が本格化する日本の将来を見据えて、移民政策の必要性が議論されていた。その政策は極めて穏当で現在にも通用する内容だった。

しかし、２００９年の与野党逆転を契機に、野党となった自民党は民主党政権の打倒を目指し、外国人の地方参政権付与に真正面から反対の姿勢をとり、政権奪回後もその姿勢を貫いた。その後、中国、韓国との間で領土問題が勃発し、対中、対韓関係の悪化とともに、両国への国民感情が悪化した。その結果、ヘイトスピーチが蔓延し、移民の受入れは両国からの日本移住者による「乗っ取り」を招くという極論が次第に浸透するようになった。ここで移民のタブーが本格化する。

その後、人口減少はますます深刻化し、政府は人口減少の対策として「選択する未来」委員会を作る。しかし、ここでは、人口対策は地方創生にゆだねられ、外国人の受入れの議論は排除された。しかし、地方創生は功を奏さず、人口減少は深刻化し、政府は一時的な滞在を前提に外国人労働者を場当たり的に受入れはじめ、さらに「50年後に人口1億人を維持する」という看板もはずしてしまった。

一方、8年間続いた第二次～四次安倍内閣では最終段階で新たな在留資格、「特定技能」の創設が行われたものの、技能実習制度との併存が続いている。さらに政権は変わっても、移民政策をタブー視することは完全には消えることなく現在も続いている。

次章では外国人受入れ、移民について国民はどう考えているのか、1990年代に遡って紹介したい。すでにその頃には移民議論は始まっていたのである。

第3章

移民を国民はどうとらえているか

これまで、日本で移民の議論が政治的にタブーになってきた過程を見てきた。人口減少と少子高齢化が大問題であることが一般の市民にまで広く認識される時代になったが、その解決策として外国人の受入れ、あるいは移民政策についての考えはどのように変化してきたのだろうか。これまで行われてきたさまざまなアンケート調査を掘り起こして国民の意見を探ってみる。

驚くべきことは、国民の外国人、移民に対する感情は30年前からまったく変わっていないということである。変わっていないとは、移民への反対論が定着しているという意味ではない。受入れについては反対よりも賛成がやや多く、「どちらともいえない」が最も多い傾向がある。そして、最も懸念することとして、現実と異なる犯罪の増加の認識と、日本社会が外国人受入れの準備ができていないことが共通して挙げられている。

このことは人口減少が深刻化しながらも、日本として外国人受入れ政策に関して進展がなく、その結果、国民の感情も1990年代から置いてきぼりにされたままになっているということを示している。

日本人の移民に対する意識がここ数十年、大きく変わっていないということは、現状が続く限り、同じような認識が今後も継続するということだ。つまり、日本人の移民受入れに対する意識が完全に転換するのを待って、受け入れを開始するという姿勢は間違いということを意味する。なぜなら、自然にそうしたことが起こるとは言えず、国民の意識がポジティブに向かう状況を作り出すことこそが政府の責務であり、そうなるような働きかけと、国民が安心できる政策を行う必要があるということだ。

１９８０年代から続く議論

では日本で移民の議論はいつから始まったのだろうか？

前章では２０００年の小渕政権の時代の『21世紀日本の構想——日本のフロンティアは日本の中にある』報告書を紹介したが、外国人受入れの議論の開始はその10年以上前に遡る。

１９８０年代後半のバブル景気以降、日本は深刻な人手不足に直面し、外国人労働者が断続的に増加する時期があった。すでにその時代に移民受入れの議論が開始されていた。

１９９０年、政府によって外国人受入れについて国民の意見を求めるアンケートが実施されている。内閣府は「外国人労働者問題に関する世論調査」を11～12月に実施している。

その回答をいくつか紹介しよう。

質問　我が国では就職を目的とする入国のうち、専門的な技術、技能や知識を持っている人は認めていますが、単純労働については認めていません。このような政策についてどう考えますか。この中から1つだけお答えください。

（ア）単純労働者の就職は認めない現在の方針を続ける　14・1％
（イ）単純労働者であっても一定の条件や制限をつけて就職を認める　56・5％
（ウ）特に条件をつけずに日本人と同じように就職を認める　14・9％

1990年はバブル期で人手不足が深刻化した時期だが、2019年に開始された新たな在留資格、特定技能に通じる一定の条件を付けて単純労働を認めることを半数以上がこの時点ですでに、肯定している。つまり、1990年から国民は一定の条件付きで単純労働者を含む外国人労働者の受入れを容認していたということだ。

また「単純労働者の就職を認めるべきでないと考えるのはどうしてですか」との質問について複数回答を求めたところ以下の回答となった。

（ア）景気がいい時はともかく、不況の時には日本人の失業が増加するおそれがあるから　52・7％
（イ）治安が悪化するおそれがあるから　54・0％
（ウ）日本人が就きたがらない仕事に外国人を使おうとするなど、外国人に対する歪んだ見方が生じるおそれがあるから　20・6％
（エ）日本人の労働者も含め一般的な労働条件の改善が遅れるおそれがあるから　14・8％

以上の意見も現在、この問いを立てれば同じ傾向になるだろう。つまり、30年間以上、外国人の受入れの議論は堂々巡りをしていることになる。国民は外国人の受入れについて肯定的な認識と健全な問題意識を持っているが、それに沿った政策が行われてこなかったということだ。

その後、国民の認識はどう変わったのだろうか？

小泉政権下で移民肯定する国民の声

小泉純一郎政権の2004年5月、内閣府が実施した「外国人労働者の受入れに関する世論調査」[8]がある。バブル崩壊以降、長期の経済停滞が続いたが、2000年代に入ってようやく抜け出し、経済回復のサイクルに入っていた。2004年は小泉首相が韓国の盧武鉉《ノ・ムヒョン》大統領と済州島で会談した年でもある。

この調査では、外国人労働者についての以下の質問項目がある。

質問1　専門的な技術、技能や知識を持っている外国人の入国は認め、単純労働に就労することを目的とした外国人の入国は認めていない現制度に関して。

（ア）今後とも専門的な技術、技能や知識を持っている外国人は受け入れ、単純労働者の受入れは認めない　25・9％

（イ）女性や高齢者など国内の労働力の活用を優先し、それでも労働力が不足する分野には単純労働者を受け入れる　39・0％

（ウ）特に条件を付けずに単純労働者を幅広く受け入れる　16・7％

（エ）わからない　17・7％

単純労働者を受入れる（イ）（ウ）を合わせればここでも半数以上が肯定していることになる。

さらに質問は続く。

質問2　日本人が就きたがらない職業に外国の人が就くことについて。

（ア）日本人が就きたがらない仕事に、単に外国人が就けばいいという考え方はよくない　32・6％

（イ）外国人本人が就きたがっている場合にはどんどん就いてもらうのがよい　31・1％

（ウ）よくないことだがやむを得ない　28・4％

質問3　外国人労働者に求めるもの。

（ア）日本語能力　35・2％

（イ）日本文化に対する理解　32・7%
（ウ）専門的な技術、技能、知識　19・7%
（エ）預貯金等の資産　1・3%

これらの中で、日本人が就きたがらない職についての問いは意見が分かれている。外国人労働者への日本人の配慮がうかがわれるが、筆者は日本人が就きたがらない職に外国人が就くことは問題がないと考える。重要なのはそこから本人の努力次第で賃金が上がり、あるいはさらに良い職へと転職ができて、社会の階段を上がれる可能性があるかどうかだろう。もし、一生、その仕事で固定されるようなことであれば、そもそも優秀な人材からはそっぽを向かれ、他の国で受入れてもらえないような人ばかりが日本に集まってしまうことになる。今の状況こそがその可能性が高い。

では最近の調査結果はどうだろうか？

比較的新しいアンケート調査にNHK世論調査部による2020年3月の全国電話調査がある。「外国人増加への期待と不安」とのタイトルが付けられている。

この調査結果では、日本で働く外国人が増えることについては、賛成が26%、どちらかといえば賛成が44％で合計70％と多数を占める結果となった。反対派では、どちらかといえば反対が17％、反対は7％の結果となった。

この結果を見れば、過去から外国人の受入れを肯定する意見は変わっていないと言える。その一方、この調査では、自分の住む地域に外国人が増えることに賛成する人は57％にとどまる。つまり、日本にとって外国人が増えることは必要であり賛成するが、自分の身近で増えることに対して尻込みする姿勢が見てとれる。

自分の住む地域に外国人が増えることへの不安として挙げられていることに、「言葉や文化の違いでトラブルになる」と「治安が悪化する」を挙げた人が多い。一方、外国人が増えることへの期待では、「新しい考えや文化がもたらされる」が最も多い。

言葉や文化の違いでのトラブルを心配する声は2004年の調査で、外国人労働者に求めるものへの回答が日本語能力と日本文化に対する理解とあったことと符合する。ここでもまた過去から同じ課題がそのまま引き継がれている。

新聞社による世論調査として、読売新聞は2019年3～4月にアンケート調査を実施した（「外国人材」世論調査、郵送方式）。外国人労働者の受入れ拡大についての問いでは、賛成が57％で反対の40％を上回った。

ここでも外国人受入れについての肯定的な意見が大多数を占めている。

地方の声

ＮＨＫの調査が全国調査であったのに比べて、県レベルで行われた調査がある。２０１８年９～10月に長野県が県政モニター登録者を対象にして行った調査である（１０６０人回答、回収率84・３％）。外国人と共に暮らす社会についての意見として、異なる文化を知る機会の増加や地域経済の発展につながるなどの理由で７割以上が「望ましい」と回答しているのが目につくが、これは先のＮＨＫや読売新聞の調査と符合する。

では一般市民は、日常生活で外国人との関わりがあるのだろうか？　アンケート結果では、「まったくない」と答えた人は38・８％で、「ほとんどない」32・５％を合わせると71・３％と接点が薄い実態が明らかになっている。２０１３年に行われた前回調査の同質問の回答では70・４％であり、在留外国人の数は増えているにもかかわらず接点が薄い傾向は変っていない。

この結果について、長野県国際交流課は「現状で外国人との接点は薄くても、好意的な意識を持っていることがうかがえる。多文化共生に向けた政策に生かしたい」としている。

また、県や市町村が力を入れるべき取り組みとして「外国人に日本の生活ルールや習慣、文化の違いなどを周知する」との回答が67・5%に上っており、「外国人が相談できる場の充実」が58・0%、「外国人に多言語の情報提供を行う」が46・7%となっている。

では都市部と地方の違いは何か？　全国でも外国人住民の比率が高い地域として知られる新宿区が2015年に行った多文化共生実態調査がある。

近所に外国人が住むことについての問いに対して、日本人住民からの回答を見ると、「好ましい・どちらかといえば好ましい」を合わせると22・1%という結果になった。一方、「好ましくない・どちらかといえば好ましくない」を合わせると16・9%（「好ましくない」だけでは4・4%）となった。最も多かったのは「どちらともいえない」で55・3%である。日常生活の場で外国人に接する機会の多い新宿区民は、どちらとも言えないと考える人が半数程度いるとはいえ、好ましいと考えている人が好ましくないよりも多い。なお、この調査では、外国人が増加することでの心配事のトップは犯罪やドラッグではなく、他の地域でも見られるような「ごみの出し方」となっている。

では外国人が少ない地域において、日本人の外国人に対する意識はどうだろうか？　人口6万8000人の岡山県総社《そうじゃ》市が2016年に行った「多文化共生推進施策に関する意識調査」の結果を見てみよう。総社市の総人口に占める外国人比率は1・2％と全国平均より低い比率となっている。

この調査では、外国人が増えることをどう思うかという問いに対して「賛成・やや賛成」が22・8％、「反対・やや反対」が12・6％（「反対」だけでは5・2％）で「どちらとも言えない」が64・6％という結果となった。

意外なことに外国人が集住する新宿区とそうでない総社市の市民の外国人への意識はほぼ同じという結果となっている。

新宿区のほうは日々、外国人と接している中での経験からの感想、総社市のほうは外国人との接触は少なく、メディアを通してという違いはあるが、結果が同じになったというのは興味深い。「どちらとも言えない」が両地域において最も多く、何かのきっかけで大きく変化する可能性があると言えるが、在留外国人数にかかわらず、外国人の増加をネガティブに見ていない。

特定技能をめぐる議論

2018年12月、国会では入管法を改正し特定技能の導入を巡って激しい議論が行われた。その際、多くのメディアが外国人受入れについてアンケートを実施している。

日経新聞が2018年12月に実施した世論調査では、政府の外国人労働者を5年間で最大34万5000人受入れることについて、反対が48%で賛成の40%を上回る結果となった。

一方、同月実施された朝日新聞の「人口減社会」をテーマとする全国世論調査では、受入れ拡大については賛成44%、反対46%と同様に反対が上回る結果となっている。

反対理由として挙げられるのが受入れ態勢の不備だ。今の日本に、外国人労働者が生活するための受入れ態勢が「整っている」と思う人は、わずか7%との結果となった。

日経新聞と朝日新聞が国会で論戦が繰り広げられていた12月に行ったのに対して、10月に実施した毎日新聞の調査では、建設や介護など人手不足の業種で外国人労働者の受入れを拡大する政府の方針に「賛成」が47%、「反対」は32%と賛成が反対を上回っている。

また受入れ拡大に賛成する層では「永住を認めるべきだ」が63%と、「永住を認める必要はない」の32%を上回り、反対の層では、28%対67%と正反対の結果になった。

興味深いのは「外国人受け入れ、若者は抵抗少なく」との記事を掲げた産経新聞だ。産経新聞社とFNN（フジニュースネットワーク）が2018年11月17〜18日に合同世論調査を実施した。その結果は、外国人労働者の受入れ拡大について、男女とも10〜20代は60%

以上が賛成との結果となった。一方、60代以上男性は46・1％、女性も60代以上で36・2％が賛成、女性は50代と60代以上で「反対」が「賛成」を上回り、中高年より若年層の抵抗が少ないことが浮き彫りになった。

同様に世代間の認識の違いが明らかになったもう一つのアンケートに連合（日本労働組合総連合会）が2018年9月25〜26日に実施した「外国人労働者の受入れに関する意識調査」がある。

自分の職場に外国人労働者が増えることについて「よいことだと思う」が51％と半数を占め、「よくないことだと思う」は25％との結果となった。賛成派で最も多いのは20代で64％、肯定派が最も少ないのは40代で43％になった。

賛成の理由として最も多いのは「人手不足を補うため」であり、反対の理由のトップは「職場の環境整備が進んでいない」が挙げられている。外国人労働者の受入れ拡大が雇用や労働条件に与える影響については、20代では「よい影響」が多数を占め、一方40代以上では「よくない影響」が多数という結果になり、世代間の意識の違いが現れている。

また政策に関しては「外国人労働者受入れ拡大について政府の説明が十分ではない」が69％を占める。

外国人と移民

これまでのアンケートでは外国人、あるいは外国人労働者という言葉が使われてきた。これは「移民」と同じと考えてよいのだろうか？

アンケートで想定されている外国人や外国人労働者は、外国人訪日客など数カ月以内の滞在に限られる人びとではなく、数年間あるいはそれ以上、在留する外国人だと考えられる。

移民について国連は、移民を**「出生あるいは市民権のある国の外に12カ月以上いる人」**としている。その意味で、アンケートで使われた外国人あるいは外国人労働者は実質的に移民と考えてよいだろう。

一方、日本では移民という言葉には国を捨てて移住するイメージや、あるいは犯罪と結びつくネガティブなイメージが付きまとっており、移民という言葉を使うと、人びとの意見は異なってくる。

たとえば、2016年2月の「産経・FNN世論調査」では「日本が移民や難民を大規模に受け入れること」について質問をしたところ、「反対」は68・9%となり「賛成」と答えたのは20・2%にとどまっている。

この質問は移民と難民が一緒になっており、また「大規模」という条件が付いている。

筆者は移民政策とは、**人口や労働力確保などの自国の利益のために、社会に混乱を招かないことを配慮しつつ、自国に労働力などの面で貢献する外国人を選択して居住を認める**ことであると考える。そのため、受入れ要件として職歴、学歴、日本語能力、年齢、財産などが勘案されるべきであり、他国の移民政策も、家族の呼び寄せなどを除けば、ほぼ同様の要件を求めている。

一方、難民は、難民の定義に基づき受入れるべきかどうかを判断するものであり、移民とはまったく判断の次元が異なる。つまり、仮にその人が身体障害者や高齢者であっても、人道上の判断によって受入れを決定すべきであり、本来、人口減少や人手不足とはまったく無関係に受入れるべきものだ。

さらに設問の「大規模」とはどれほどの数を指すのかが明らかでなく、大規模という表現は「問題が起こりそう」という認識を持たせる役割も果たす。その意味でこの質問自体、不適切な設問で回答にはそれほど意味がないと言える。

では移民を受入れる際、**問題が起こる大量**とは具体的にどの程度の人数を意味するのだろうか？

２０１９年に在留外国人の増加数は20万人に達した。しかし、それによって文化摩擦が増大したという形跡はない。では1年間に50万人ではどうか、あるいは１００万人では？

この疑問を考える上で参考になるのはスウェーデンだろう。スウェーデンの人口はほぼ１０００万人で日本の人口の10分の１以下となる。スウェーデンは積極的に難民を中心とした移民を受入れてきた。２０１６年には14・３万人の外国人を受入れたが、日本に換算すれば1年間にほぼ１７０万人の移民を受入れたということになる。

その結果、どうなったのか？

労働市場への統合でスウェーデンには課題が残り、移民が大きな問題となっていると日本総研の山田久理事は指摘する。[9] 実際、移民・難民の急増を背景に、リベラルな国柄とされるスウェーデンで、ネオナチの系譜を受け継ぐ民主党が結成され、反移民を訴えて政治的な力をつけてきた。こうしたことを考えれば、1年に人口の１％を超える移民の受入れは社会の強い反発を招くのかもしれない。

スウェーデンが行ったのは、日本でいえば、熊本県や三重県の人口に匹敵する数の移民を毎年受入れたことになる。そうなれば当然、問題が起こることは想定できる。そうした方針を日本政府がとるとも思えず、またそれだけの数の外国人が日本を目指すことも想像しにくい。

外国人への見方を決定する四つの要因

さて先の産経新聞とFNNの調査では、回答者の年齢層によって外国人に対する見方が異なることが明らかになった。それでは外国人に対する見方を決定する要因はあるのだろうか？

「少子高齢化時代の日本における外国人労働者の受け入れ意識を規定する要因――JGSS-2008を用いた分析――」（眞住優助、大阪商業大学JGSS研究センター）では、マルチレベル分析を行い、外国人労働者の受入れ意識を規定する要因を分析している。[10]

まず海外の研究で明らかになっている仮説として次の四つがあるとする。

一つは、外国人と労働市場で競合する可能性のある人びとは外国人に対して否定的な意識を持つというもの。二つ目は教育水準の高さは、外国人や異文化に対する寛容性にプラスの影響を与え、教育水準が高い人びとほど、外国人に対して肯定的な意識を抱く。三つ目は外国人の友人や知り合いがいることが、外国人に対する肯定的な意識と関連する。しかし、外国人との接触が親密性を伴わず表面的なものになる場合には偏見をより一層助長させる逆の結果になる。そして四つ目は政治的イデオロギーで、保守的な人びとほど、外国人に対して否定的な意見を有しているというものだ。

では日本の調査ではそれが実証されたのだろうか？　この研究ではすべての説が日本においても少なくとも部分的には該当するという結果となった。

一つ目。半熟練職に就く人びとや低年収の勤労世帯の人びとは、受入れに対してより否定的であるとの結果が示された。

二つ目。教育の効果について、最終学歴が中学卒業の人ほど外国人労働者の受入れに否定的であり、大学以上の教育機関に通った経験のある人ほど、受入れに肯定的であることが示される結果となった。

三つ目。外国人の知り合いがいる人ほど、外国人労働者の受入れにより肯定的であることも明らかになった。

四つ目。保守的イデオロギーが否定的な受入れ意識と関連しているとの説も支持された。

さらにこの調査では、日本独自の傾向も明らかになった。

それは少子高齢化が進展する地域ほど、人びとは外国人労働者に対して、肯定的な意識を持つとの仮説が検証されたことだ。地域の少子高齢化の水準それ自体は、外国人労働者の受入れ意識に影響を与えないが、その進行速度が速いほど、受入れ意識に有意な影響を与えることが分かった。

しかし、これは意外な結果と言える。なぜなら、人口減少が激しいのは都市部でなく、保守層が多い地方と一般に考えられるからだ。しかし、そうした地域においてさえ、人口減少による危機感が外国人受入れに対してより積極的に考えさせるという傾向を生んでいるということではないだろうか。

外国人の定住意識と生活課題

これまで日本人として外国人の受入れをどう考えるかを見てきた。では逆に、日本に住む外国人は日本での生活をどう見ているのだろうか？　いくつか在留外国人を対象にした自治体によるアンケートが実施されている。

その一つに2015年に実施された新宿区多文化共生実態調査がある。この調査の項目策定に筆者は新宿区多文化共生まちづくり会議の会長として携わった。この調査は2015年7～8月にかけて日本人住民、外国人住民の双方に対して異なる質問内容として実施された。

外国人についてはルビ付きの日本語と8言語によって、総計5000部が郵送され、有効回答数1275人、有効回収率25・5%という結果だった。

調査を実施した時点で、新宿区の人口の11%を外国人が占めていたが、区内には大学や専門学校、日本語学校が数多くあり、学生の割合が極めて高い。そのため、毎年3分の1の外国人住民が入れ替わると言われるほど人口移動が大きい特徴がある。

しかし、それにもかかわらずアンケート結果では、定住意向は7割近い結果となった。「ずっと住み続けたい」が40・7%と最も多く、「当分の間は住み続けたい」27・5%と、これらを合わせた定住意向が68・2%となった。外国人の多くは新宿での生活を気に入っているようだ。

横浜市による「令和元年度 横浜市外国人意識調査」でも、「現在の生活に満足している」31・7%、「やや満足している」32・4%を合わせると、満足している人は64・1%という結果となった。次いで「どちらともいえない」が25・5%、「やや不満がある」4・7%、「不満がある」2・9%という結果となった。日本での生活への満足度は高いと言ってよいだろう。

横浜市の調査で、日本で生活する上での困りごととして挙げられている（複数回答）の内容は、「日本語」29・8%、「病気、病院での対応」19・3%、「自分または家族の健康」14・7%、「災害時・緊急時の対応」14・6%、「子どもの教育」14・5%と続く。なお、日本語が不自由と感じている人びとは、日本語を「積極的に学びたい」は29・1%、「機会があれば学びたい」26・3%となっている。

このような結果があるように、日本での生活には苦労が多いことも事実だ。

先の新宿区の調査では、日本の生活で困っていることや不満なことに関して、「ことば」（25・1%）が2割台半ばで最も高く、次いで「生活費など金銭的な問題」（18・1%）が2割近くとなっている。以下、「友人が少ない」（17・2%）、「日本人からの偏見・差別」（13・3%）、「日本人が閉鎖的である」（12・3%）などと続く。刺激の多い新宿での生活だが、友達がいないことや日本人の視線を冷たく感じている人も多い。

日本語に関して聞くと、困ることが「ある」は6割近い。さらに困っている内容を聞いたところ、「日本語の新聞やお知らせを読むこと」（49・3%）が5割弱で最も高くなっている。次いで「役所や病院での説明を理解すること」（46・6%）は4割台半ばを超え、「日常会話」（37・6%）は3割台半ばを超える。

日常会話は困らない人でも、ひらがな、カタカナ、漢字という日本語の文字の多さによる読み書きの難しさが極めて大きなハードルとなっている。

外国人の高い地域活動参加意欲

日本語やさまざまな生活上の不便を抱えながらも、興味深いのは在留外国人は地域活動への参加の意欲は押しなべて高いことだ。

日系南米人の多い自治体により結成された「外国人集住都市会議」の群馬・静岡ブロックは、2020年に「新型コロナウイルスと災害等の情報伝達に関する調査」を実施した。この調査は、外国人住民の新型コロナウイルスや災害に関する情報の入手方法等についての実態と情報伝達のあり方を調べるもので、2020年10月1日〜11月20日にわたり会員都市におけるアンケート調査及びWEBアンケートにより実施した。言語は日本語、英語、ポルトガル語、スペイン語、中国語、ベトナム語、タガログ語が用いられ、有効回答数1220件となった。回答者は20代27%、30代25%、40代21%と若い世代が多かった。

コロナ禍による緊急事態宣言解除前に困ったこととして、第一にマスクや消毒液の入手、二番目に収入が減った、三番目に不安で落ち着かないとの回答があった。

一方、「災害が起きたときボランティアをしたいか?」との問いに対しては、49%が「はい」と答え、「いいえ」は8%のみにとどまった。多少言葉が不自由であっても、日本人と同等かあるいはそれ以上にボランティア活動に関心を持っていることは興味深い。この結果は、東日本大震災の時に、在留外国人による複数のグループが現地へボランティア活動に行ったことを思い起こさせる。

横浜市の調査でも「やってみたい地域活動は何ですか」との質問をしている。その結果、何らかの地域活動への参加意向を示した人は74・1%に達した。複数回答の結果、やりたいことのトップ5は、「日本に来たばかりの外国人の支援」「言語を教える」「通訳・翻訳をする」「外国の文化や習慣を教える」「地域のイベントを企画する・手伝う」の順となった。活発な社会参加意欲がうかがえる。

日本での差別経験

先の新宿区多文化共生実態調査では定住意向が高い一方、日本語に苦労していることを紹介した。

このアンケートでは、日本人からの外国人に対する偏見や差別についても聞いている。

日本人から外国人に対する偏見や差別を感じたことが「全くない」(15・9%)は1割台半ば近くにとどまり、「あまりない」(31・3%)は3割強となっている。合わせると、「ない」(47・2%)は4割台半ばを超える一方、「ときどきある」(35・0%)は3割台半ばで最も高く、「よくある」(7・3%)と合わせると、「ある」(42・3%)は4割を超える結果となった。つまり、偏見や差別を感じる人と感じない人の数は拮抗《きっこう》していることになる。

ではどのようなときに偏見や差別を彼らは感じるのだろうか？　トップは「家を探すとき」(51・9%)が5割強で最も高い。次いで「仕事のとき」(33・2%)は3割台半ば近く、「公的機関などの手続きのとき」(25・6%)は2割台半ばである。また、「その他」(14・5%)でその内容を列挙してみると、主なものとして「お店や買い物で」「会話の中で」「警察官の対応」「まちなかで」などが挙げられている。

家を探すときが最も多いのは、家の貸主に「外国人お断り」という人たちが存在していることを意味する。一方、外国人住民の多い新宿区では、外国人専用の不動産業者も増えている。

家を借りるときに限らず、多くの場所で差別を感じるということは、意図して行っているかどうかは別にして、日本人の中で差別的な発言や行動をとる人たちが一定数いるということだろう。留学生が多い新宿区ではこうした結果となったが、これは全国同様と考えてよいのだろうか。

日系南米人の間では、「日本社会に受入れられていない、日本人から上から目線で見られる」という声をよく聞く。

2023年1月、人口の19%が外国籍という群馬県大泉町で開催された外国人集住都市会議で、ブラジル出身の起業家、平野勇パウロ氏が自己の体験を語った。

ブラジルでは日系人に囲まれ「自分は日本人」と思いながら育った同氏は10歳の時に来日し、群馬県に住み始める。しかし、日本語の壁、文化の壁に戸惑う生活が続いた。日本で大学を卒業するが、**日本社会の中でブラジル人であることを隠し続けた**。同氏は講演で涙ながらに、自分がブラジル人であることを知られる恐怖があったと語った。

同氏の経験は、日本人のブラジル人に対する偏見や上から目線が強いことを裏付けるものと言える。

増加を続ける技能実習生についても同様のことが言えるだろう。北海道、東北、四国、九州など、従来、外国人が極めて少なかった地域に増えたのが技能実習生だ。かれらは製造業のみならず、地場産業に加え農業や漁業など地域社会の基盤となる産業の担い手となり、極めて重要な役割を果たしている。しかし、それを企業は感謝し、歓迎していると言えるのだろうか。

むしろ、水道や電気のない途上国の貧しい地域から日本にデカセギに来た教育水準の低い半人前の「子たち」としてみなし、対等な一人の人間、労働者としてとらえず、自分たちの言いなりになる存在として扱っているケースも多いという話を現場をよく知る人たちから聞く。

こうした見下しの姿勢は相手が外国人であるからだけではなく、特定の外国人を貧困と結びついた存在と考えることで、偏見が助長されている。全国で技能実習生の増加が続いているが、彼らの増加は必ずしも、日本人の外国人に対する偏見の払しょくに役立っているとは限らない。「ダイバーシティ&インクルージョン（多様性と包摂）」という言葉があるが、日本が外国人に対して真の意味でインクルージョン（包摂）を達成するには、日本人自身に対する啓もう活動も必要だろう。重要なのは、社会としてどうすれば同じ人間として対等なウインウインの関係を築き、双方によいイメージが移民に対して定着するような取り組みをすることができるかだろう。

一方、外国人が日本社会に対してどのような意識を持っているかも重要だが、それは日本人の彼らへの対応次第で変わってくる。彼らに対して上から目線でさげすんで対応すれば、彼らはその視線を感じ、反発し、日本社会に背を向けるようになる。一方、彼らを肯定的にとらえ、彼らを仲間として受入れていけば、彼らは日本社会に貢献したいと考えるようになる。

当然だが、仲間はずれにされれば反発するのは当然であり、温かく迎えられれば、彼ら自身も仲間として溶け込む努力をするようになるだろう。どちらに転ずるか、今はまさに正念場と言えるだろう。

次章では移民問題や外国人受入れに関して、個別の論点を確認したい。さらにさまざまな論者に登場をいただき、主要な論点について議論を深めたい。

第4章

移民効果を巡る論争

前章ではこれまで行われたアンケートや意識調査をもとに、日本人の移民や外国人について の意見や認識を見てきた。

移民や外国人労働者の受入れについてさまざまな意見があるが、その中で、明確に賛成、反対の意見を持つ人たちがいる一方、中立的な意見や、条件によれば賛成、反対という立場の人たちも多い。

その中で筆者は、日本が人口危機に直面している以上、外国人受入れの必要性を論じる立場を一貫してとってきた。そのためネット上では厳しい批判も受けてきた。その多くは中国や韓国からの移住者の増加を想定した批判であり、東南アジアからの移住者への反対はまったくと言ってよいほどなかった。

外国人や移民を巡るさまざまな意見が交錯している。本章ではまず経済面から見た議論を取り上げ、続いて文化論、そして移民から見た日本の魅力を取り上げたい。

移民の経済効果は

移民は日本経済にとって、プラスなのだろうか、マイナスなのだろうか。

人手不足に悩む製造業やサービス業、農林水産業の事業者にとって外国人労働者は必要不可欠な存在となりつつある。外国人労働者数がコロナ禍でも減らなかった事実がそのことを語っている。現実には「人手不足倒産」という言葉があるほど、人口減少下での慢性的な人手不足となる状況で、外国人労働者を受入れなければ社会が回らなくなりつつある。

しかし、そのことだけで日本経済にとって移民はプラス、とは言い切れないのかもしれない。つまり外国人労働者の増加は日本の賃金の低下を招くという視点だ。

ノンフィクションライターの窪田順生氏は「だから『移民』を受け入れてはいけない、これだけの理由」(ITmedia ビジネス online, 2018年10月30日)の記事を書いている。

「外国人労働者を受け入れてしまうと、日本人労働者の『賃金アップ』のチャンスはなくなる。おまけに、ようやく兆しが見えてきた日本社会の生産性向上も足を引っ張られる」と指摘する。今後「人手不足が深刻化していけば、企業は労働力を使い捨てにせず、大事に囲い込まざるを得ない。賃金アップはもちろん福利厚生など環境整備もされる」「人手不足が進めば、一部の経営者は苦境に追いやられるだけで、労働者全体の地位は向上するし、生き残りを目指す企業が続々と生産性向上の動きも促進される」。

つまり、人手不足は企業にとっては難題かもしれないが、労働者にとっては、あるいは日本経済にとってもよいことだと主張する。これは正しいのだろうか。

移民政策がとられていない日本で、現実にブルーカラーの分野の労働を担っている外国人に技能実習生と留学生がいる。

技能実習制度は本来、日本で技術を学び、その技術を母国で活かして活躍するという国際貢献の仕組みだ。しかし、さまざまな問題が多発したため、技能実習法という法律まで作った上での制度である。本来、労働者を受入れているわけではないが、現実には人手不足の各産業において欠かせない人材として働いている。しかし、その給与は各地域の最低賃金に張り付いている。

一方、留学生は留学生のビザで来日しており、就労するのは資格外活動として週28時間以内と決められている。つまり、両制度とも、外国人労働者を正面から受入れる制度でない。そのため労働法違反の頻発や低賃金が問題となっている。

いずれも最低賃金しか得られない中途半端な立場であり、現制度では数の制限がないため、窪田氏が指摘する日本人の低賃金の固定化に影響している可能性は大いにある。つまり、現在の政策が続くことこそが、賃金低下を招く原因になり得る。一方、通常の移民政策とは自国民と同等の待遇を前提としており、また受入れ人数の上限を決めて受入れることである。

受入れ人数の上限のない今の制度のまま、つまり移民ではなく技能実習生の増加にまったく歯止めをかけないままでは、同氏の指摘通り低賃金の固定化が促進されるリスクが高まるだろう。最低賃金に張り付いた技能実習制度による受入れ人数はコロナ禍前まで急増し、しかもまた、入国制限が緩和されたのちには急増している。このことこそが低賃金から抜け出せない大問題であり、人数の制限を含め、新たな受入れ制度の確立こそが、外国人、日本人双方にとって賃金低下を抑止することになる。

2019年に大和総研経済調査部が発表した「外国人労働者受け入れの賃金・生産性への影響」と題する調査報告によると、外国人労働者比率が1%ポイント上昇すれば、賃金は男性で0・6%程度とプラスになる。その一方、女性では影響は見られなかった。

業種別では、男性は情報通信業で大きなプラスであり、宿泊業・飲食サービス業、サービス業（たとえば自動車整備業やビルメンテナンス業等）でもプラスに働く。さらに外国人労働者が10万人増加すれば、製造業の労働生産性は0・25%上昇するとの試算結果となった。

この試算はどのように計算されたのだろうか。

大和総研では、用いるデータの制約が非常に大きい中で、限られた公表データを組み合わせながら、精度の高い推計結果が得られるよう工夫して計算を行ったという。

そうした上で総じて見ると、**外国人労働者が増えると全体で賃金が下がるといった、一般に言われるようなネガティブな影響は得られない**という結論となった。

米国の研究では、移民の流入による米国人全体の賃金や雇用に強い負の効果を指摘する論文もあったが、最新の学術研究ではそうした見解を否定するものが優勢となってきており、大和総研による分析結果もこうした研究動向を裏付ける結果となっている。

受入れのメリットとデメリット

この報告書では、外国人労働者の受入れのメリットとして、①人手不足が緩和されること、②外国人自身が消費者、税・保険料負担者として、日本経済の活性化や財政・社会保障の安定に資すること、③企業内の従業員の多様性が高まり、商品開発力や市場開拓力が高まること（イノベーションの進展）を挙げている。

デメリットとしては、①単純労働者が増加することでパート・アルバイトといった非正規労働者の賃金が上昇しにくくなるだけでなく、正規労働者の処遇改善も遅れる可能性があること、②特に労働集約的な産業において既存のビジネスモデルを見直す必要性が小さくなり、労働生産性を高めるインセンティブが低下すること、③文化の異なる外国人労働者がうまく日本に溶け込めないこと、あるいは、日本人が受入れることができないことで、社会的な摩擦が生じる可能性があること、などを挙げている。

デメリットの①と②は窪田氏の懸念と符合するが、受入れ人数の制限や日本人の雇用条件と同等にすることの徹底などの方法論次第と言える部分だろう。

最新の国際的な研究に『先進国経済の成長促進に資する移民』（フィリップ・エングラー、マルゴー・マクドナルド、ロベルト・ピアッツァ、ゲーレン・シャー著、2020年）がある。

この研究によると先進国では、移民が短中期的にGDPと生産性を押し上げる結果になっていた。とくに、流入移民数が総雇用者数に対する比率で1ポイント増えると、5年目までにGDPをほぼ1％押し上げることが明らかになった。その理由として、国内労働者と移民労働者が労働市場に多様な技能をもたらし、それが相互に補完し合って生産性の向上につながるからと説明する。さらに、移民によってもたらされる生産性の伸びが小さい場合でも、国内労働者の平均所得にとっては有益となることが示された。

その一方で、特定の産業分野に属する国内労働者が少なくとも一時的には、経済面で損害を被る可能性があることも指摘する。そのため、労働市場で困難に直面することになる国内労働者の所得と再訓練を支援する、財政政策や労働市場政策を活用する必要があるとする。

さらに、移民に対する語学研修や職業資格認定の簡素化といった、移民の統合につながる政策も、移民が受入国にもたらす効果を一層高める上で役に立つと言う。

社会保障のただ乗り論

経済の派生する問題として、外国人による社会保障のただ乗り論や、税金の迂回《うかい》などの発生を危惧《きぐ》する声がある。

たとえば、所得税、住民税は扶養親族によって減らすことができるが、在留外国人が海外在住の扶養親族に送金をして扶養するとすれば、その実態の把握は難しいだろう。

そこで2023年から16歳以上の留学生や障害者、送金関係書類で38万円以上の送金等が確認できる者を除いて、30歳以上70歳未満の成人については、扶養控除の対象から外されることになった。

こうした政府の対応がとられる一方で、実は外国人は税金を払っていても、本来受けられるべきサービスを受けていないケースが極めて多いと思われる。

札幌のNPOは、市内に住む高齢の外国人に対して介護保険サービスについての説明会を実施し好評だったと言う。長年日本で働き、日本人と同様に税金や介護保険料等を払いながら、日本語の読み書き能力が低いために、当然受けることのできるサービスの存在すら知らず、そのままになっているケースが多い。数十年、日本に住んでいる外国人で119番の救急車は有料サービスだと思い込んでいた人がいたという。

税金逃れをする外国人の数に比べて、日本語の能力不足や日本の制度の理解が不十分なために、本来受けることのできるサービスを受けていない外国人の数の方が圧倒的に多いだろう。日本人と同様に税金や社会保険料を支払う以上、日本人と同等の政府によるサービスや、年金や介護サービスを受ける権利がある。

日本人と外国人を平等に扱うのであれば、外国人に対して多言語での情報提供、さらに現在、自治体を中心に広がりつつある「やさしい日本語」を導入し、本来、彼らが享受できるさまざまなサービスの提供を行う必要がある。

現在、極めて貧弱な制度しかない政府による外国人に対する日本語教育や日本文化の教育費用の負担はどうだろうか。通常の日本人には必要のない負担を、政府は外国人のために行わなければならない。しかし、その一方で、外国人労働者を受入れる際、本来、誕生から成人に達するまでの養育・教育費用は母国で発生し、その負担を日本はまったくしていない。言語の障壁はあったとしても、出来上がった人材を日本はそのまま利用できることになる。極端に言えば、教育投資ゼロで即戦力となる人材を入手できるのは先進国である日本の強みと言える。それを考えれば日本語教育は安い負担と言えるのかも知れない。

一方、技能実習生は、日本で労働することで日本社会に益をもたらす半面、得た収入の多くを母国への仕送りとして送金してしまう。そうであれば国内消費は最小限に留まり、日本経済への貢献は限定される。つまり、外国人がデカセギではなく定住し、日本人並みの給与を得て消費することこそが日本経済にフルに貢献することになる。

移民よりまずはロボット?

外国人労働者は必要ないという議論で、ＡＩ化、ロボット化が進み、従来のような数の労働者は必要ないという議論がある。果たしてそれは正しいのだろうか?

日経ビジネス記者の西雄大氏らは「自動化専門家が断言『移民よりまずはロボット』」と題する記事を２０１６年に日経ビジネスに掲載している。

この記事で興味深いのはロボット、ＡＩでどの程度、労働力を補えるのかをロボット関連メーカーの情報を得て、具体的な数値を出している点だ。

国立社会保障・人口問題研究所が想定する2040年時点の日本の総人口が1億728万人まで減少したときの生産年齢人口と、各産業分野で必要な就業者数を算定すると、586万人の労働者が不足すると言う。

この労働力不足に対して、明らかになったのは農業、製造業では相当程度、ロボットが活躍する場面があり得るということだ。しかし、第3次産業はロボットでの代替は最も難しい。2040年時点で第1次、第2次産業の労働力不足はそれぞれ20万人、144万人と見込まれている。一方、第3次産業は、卸・小売業の99万人、医療や福祉の74万人を含め422万人の不足となる。

サービス分野では、顧客からは見えない部分として、食器の洗浄や収納する作業ロボットの活躍が見込まれる。流通業では、倉庫ロボットによる在庫管理も普及する。また介護現場では人間にそのまま置き換わるロボットは不可能なものの、パワーアシストスーツなど、介護者を支援するロボットの導入が期待される。

しかし、ロボット導入を普及させる際に極めて重要な見落としている点があるのではないだろうか？　それはロボットの開発、製造には人材が必要であり、またロボットの定期点検や保守、修理のための体制を作らなければならないということだ。導入分野によっては24時間の保守体制が求められるだろう。その意味で、ロボットの導入により一見、人手不足が解消されるように見えても、大規模な補修システムの導入は新たな成長分野として多くの人材が必要になるだろう。結局は人手不足という問題から抜け出すことは容易でないことになる。

さらに、ロボットの導入では解決できない問題もある。それは人口減少そのものがもたらす社会の衰退だ。この記事では、受付やコンシェルジュ、客室への案内、ロッカーでの荷物預りなどを、専用に開発したロボットが担当する「変なホテル」を展開するＨＩＳ会長の澤田秀雄氏のコメントを載せている。

「ロボットが進化すれば、労働力不足は解消できる」と力説しながらも、「人口が減ると国内消費も減少し経済規模は縮小する。高齢化が進むことで若者が減り、新しい発想でチャレンジする人が少なくなることも問題」と指摘する。

人口減少はロボット導入で解決できるわけではない。若者の減少のもたらす社会の低迷の解決は容易ではない。記事は「ロボットが解決できるのはあくまで労働力不足。その上で、人口減少に伴う国内経済規模の縮小や、新しいことに挑戦する若者をどう増やすべきか。機械化による少子化対策を進める際は、それらも併せて考える必要がある」と締めくくっている。

「ヨーロッパでは失敗した」とは？

ヨーロッパを例にして移民の反対論を展開する論者もいる。それはヨーロッパでは、移民・難民の受入れによって社会が混乱しているというものだ。

メディアでは、ヨーロッパの状況について「移民・難民」とひとくくりにされることが多いが、移民と難民はまったく性質が異なる。移民は政府がその国に必要な働き手等として正規に入国を認めた人たちであり、彼らの入国を問題視する国はない。一方、難民や非正規の移民の対応にはヨーロッパは苦慮している。

その理由の一点目は、予測不可能な大量難民の発生である。アフリカ、中東諸国での紛争の発生によって、大量の難民が流入する危機がある。国内の政治の不安定化に加え最近では気候変動による難民の増加も起こっている。

つまり、ヨーロッパ各国が計画的に受入れを望む移民以外の流入、しかも各国の受入れ許容量を超える数の大量流入にヨーロッパは苦労し、また将来も苦労するだろう。大量難民の発生は世界でどのような紛争が起こるか次第であり、予測不可能で対応が難しい問題といえる。ウクライナからの数多くの避難民の流入もその例だ。

島国である日本についていえば、近代、そうした大量の難民が日本に押し寄せたことはなく、北朝鮮の崩壊や台湾有事の際にはそうした事態となり得る可能性はないとはいえないが、本書ではこれ以上、言及しない。

しかし、ヨーロッパでも、移民に対する苦労がないわけではない。それは過去の政策の誤りによるものだ。実際に定住化が進む現実を無視して、「一時的な滞在者」「景気の調整弁的な労働者」としての対応を長らくとってきたことだ。つまり、定住化が進む外国人に対して、受入れ国の言語教育や文化・習慣について教育することをおこたり、また子弟の教育をなおざりにしてきた結果、起こった社会の分断である。受入れ側の市民と移民との間に溝が生まれ、移民による貧困地区の固定化といった現象を生んだ。

二点目の理由はムスリムの存在だ。ヨーロッパとムスリム圏は長い対立の歴史を持ち、また独自の文化・習慣を維持し続ける傾向のある人たちもいる。その文化や習慣がヨーロッパにとって重要な民主主義的な価値観（男女平等など）にそぐわない場合、その対立は大きくなる。

ムスリムによる『西洋の自死』

ヨーロッパはムスリムをどのようにとらえているのだろうか。

ヨーロッパにおけるムスリムの問題を正面から扱った書に『西洋の自死　移民・アイデンティティ・イスラム』（ダグラス・マレー著、東洋経済新報社、2018年）がある。

同書では、ヨーロッパ各国においてムスリムが急増している状況を伝え、このままでは「私たちの知る欧州という文明が自死の過程にある」と危機を訴える。

ヨーロッパの大都市では移民・難民が増加しており、2011年のイギリスの国勢調査では、ロンドンの住人のうち「白人のイギリス人」が占める割合は44・9％となり、また2060年までにはイギリス全体でも「白人のイギリス人」は少数派になると多民族化が進む状況を伝えている。

ムスリム人口の増大はヨーロッパ文明の根底にもかかわる。ヨーロッパ文明の根底にはキリスト教がある。ヨーロッパではキリスト教社会の中で、「人権」などの自由主義、民主主義の原理が育まれてきた。それがムスリムの増大によって、ヨーロッパ文明の土台が掘り崩されるのではないかというのだ。

従来、想定されたのはムスリムであっても、欧州で長年暮らすうちに民主主義的な価値観になじみ、それを受容するということだった。しかし、一部のムスリムはコミュニティを作り、欧州の価値観である言論の自由や寛容さ、ジェンダーの平等などよりもムスリムの価値観を重視する。それが進めば欧州社会の亀裂を生み、最終的には「西洋の自死」につながるとする。本書は23カ国語に翻訳されるほど世界的に注目され話題になった。

九州大学の施光恒教授は「欧州『移民受け入れ』で国が壊れた4ステップ これから日本にも『同じこと』が起きる」で、『西洋の自死』を紹介している。

「欧州をはじめ、移民は多くの国々で深刻な社会問題となっている。にもかかわらず外国人単純労働者を大量に受け入れようとするのであるから、受け入れ推進派は最低限、欧州のさまざまな社会問題から学び、日本が移民国家化しないことを十分に示さなければならなかった。現代の日本人はやはり『平和ボケ』しており、移民問題に対する現実認識が甘いのではないだろうか」と指摘する。

「手遅れになる前に、本書『西洋の自死』を多くの日本人が読み、欧州の現状や苦悩を知り、日本の行く末について現実感をもって考えてほしいと思う」と、欧州での出来事が日本でも同様に起こるのではと懸念する。

『西洋の自死』の主張と日本との関係についてどう考えればよいのだろうか。まず多民族化が進むヨーロッパではムスリム以外の移住者はまったくといってよいほど問題視していない。問題になるのは一部のムスリムと、民主主義と相いれない極端な思想を持った集団だろう。民族の違いではなく基本思想の違いへの懸念と言える。

筆者の知るヨーロッパの学者や知識人の多くは、ヨーロッパ各国はEUを推進してきたように、情報、物流、人の流れを促進し、それによって経済は発展し、豊かな社会がもたらされると考えている。欧州各国はムスリムについてその取り組みに苦労しながらも、草の根レベルでは自治体やNPOが彼らの社会への包摂のために、言語教育、文化習慣の教育、さらに子どもの教育などにも対応した、「統合政策」と呼ばれる政策が実施されている。

ヨーロッパ各国では移民の割合は人口の10%をはるかに超えて、ムスリムの増加が続いている。それを今更、逆行させることは現実的には不可能といってよいだろう。その中で、『西洋の自死』が指摘するような社会の分裂が大きな課題とならないように、各国政府および自治体、市民社会が取り組んでいるという状況だろう。

日本人はヨーロッパに対して白人社会というイメージを描きがちだ。しかし、現実にはワールドカップで活躍するヨーロッパのサッカー選手を見れば、ヨーロッパはすでに世界から多様な人びとを受入れている。そしてそれをヨーロッパ人の大多数が「自死」と考えているだろうか。とてもそうは思えない。

東京五輪・パラリンピックでは「多様性と調和」が大会理念とされたが、次期のオリンピック開催国のフランスのスポーツ担当相は「東京から多様性のバトンを受け取った」と述べ、理念に共感する姿勢を示している。

では、日本でのリスクはどうだろうか。

日本では、外国人の犯罪率は低く、またヨーロッパで最大の問題となっているムスリムも少なくて問題となっていない。しかし、将来は日本でもムスリムが増加していくだろう。

日本のムスリム人口

日本に住むムスリムは、在留外国人では2018年6月時点で15万7000人とされる（「信仰の自由に関する国際報告書〈2020年版〉——日本に関する部分」、在日米国大使館と領事館）。日本人のムスリムを合わせて約20万人と推計され、全人口の0・16％に相当する。外国籍のムスリムは在留外国人全体の7％弱と想定され、その割合は小さい。その多くがインドネシア、パキスタンであり、バングラデシュその他、少数だが中東、アフリカ出身者、さらに米国やヨーロッパ出身者らもいる。

日本に住むムスリムは東南アジア出身者が多いが、日本の文化との親和性が強く、彼ら自身、排他的なコミュニティを作ることなく、多くは日本社会の一員として溶け込んで暮らしている。

宗教上の理由で、ハラールフードの入手や、祈りの場所としてのモスクが近所にないなどの課題を抱えているものの、現状を見る限り『西洋の自死』が指摘するヨーロッパが直面するような課題が日本に起こるとは考えにくい。また今後、移民の数が増えたとしても、ムスリム国から優先的に受入れるなどの特別な措置を行わず、通常の移民政策をとる限り、移住者の多くをムスリムが占めるような事態にはならないだろう。

ただし、ムスリムという日本人がこれまで経験してこなかった人びとを受入れるには、社会において一定の知識や対応が求められる。すでに全国にモスクは100カ所以上あると言われる。日本人の異文化理解を進める上で、異文化度の高いムスリムは格好の学びの対象になるだろう。東京・渋谷区には東京ジャーミイと呼ばれる日本最大のモスクがあるが、ムスリムに興味を持った日本人がひっきりなしに訪れている。

コロナ禍前、国際交流基金は「東南アジア・ムスリム青年との対話事業（TAMU）」

を行っていた。東南アジアのムスリム青年を日本に招き、彼らが日本の各地域を訪問し、日本の文化や課題を現地の人びとから聞き、また意見交換をするという事業だ。

2018年、筆者は日本の人口減少の課題についで話をするため、東京で行われた彼らと日本のムスリム青年との対話の場に参加した。驚いたのは日本人でムスリムとして生きる青年が身近に存在することだった。日本人参加者には慶應大学や早稲田大学の学生が含まれており、慶應大学の女子学生は長年、家族とともに中東で暮らした経験から、両親ともムスリムに改宗しており、ヒジャブ（頭と首を覆う布）をつけて参加していた。

彼女のように日本人でありながら家族ぐるみでムスリムというのは極めてレアなケースだろうが、ムスリムとの国際結婚によってムスリムに改宗するケースや、その子どもがムスリムとして日本で育てられるケースも増えている。

1980年代以降の外国人ムスリムの流入と、国際結婚の結果、国内にもムスリム家庭が形成されている。日本人がムスリムと結婚するときはムスリムへの改宗を求められることが多いからだ。誕生する第二世代は通常、幼い頃からムスリムの価値観のもとに育てられるが、なかには、学童期から差異を意識し続け、家庭の価値観と級友らの意識や生活のギャップに苦しむ青少年も多いという。

移民の数が増えてくれば当然、ムスリムの人びとも入ってくる。しかし、22世紀の日本はともかく、少なくとも今後数十年はムスリムの人口が10％に達するような欧州の状況と、日本の将来を同一視して心配する必要はない。ただムスリムに限らず、今後、南アジア、西アジア、最終的にはアフリカといった文化や習慣の違いのより大きな人たちが増加するのは間違いない。その意味で、日本人は異文化に対する寛容性、対応力を上げていくことが必要不可欠になるだろう。

「人口減少を受入れよう」という主張

さて、移民は必要ないとの意見の中に「人口減少するのはやむを得ない。減少を前提に最適な社会を作ればよい」という考え方がある。

ベストセラー『未来の年表』（講談社現代新書、２０１７年）の著書で知られる河合雅司氏は、「人口減少によって大きな問題は発生するが、移民の受入れよりも、『戦略的に縮む』ことで日本は小さくとも輝く国になることができる」と主張する。

そして「戦略的に縮む」ためとして、五つの提言を行っている。

まず「高齢者の削減」として高齢者年齢を75歳以上と再定義する。このことで従来の高齢者に相当する人びとの活躍を促進する。

二番目に、利便性が高い24時間営業の店舗をなくし、24時間社会からの脱却を説く。

三番目に、行政サービスの効率化と集中のため、人口密度が低く効率の悪い地域から高い地域への移住を促進し、非居住エリアを明確化する。

四番目に、遠く離れた都道府県同士を「飛び地」として合併し、その結果、大都市部と地方の自治体が結びつきを深めるという「都道府県の飛び地合併」を主張する。

五番目に、国際分業の徹底として、日本の得意分野に絞ることで、日本人自身の手でやらなければならない仕事と、他国に委ねる仕事を思い切って分けてしまう。

また外国人の受入れについては、将来的に「移民としてやってきた人と日本で誕生したその2世の合計人数が、日本人を上回る日が遠からずやってくる」「日本人が少数派になることを許容すること」として日本が「別の国家」になることの危惧を提示する。

「移民は日本を選ばない」という主張

ジャーナリストの山田順氏も同様に日本の魅力の欠如を強調し、今後、日本には移民は来なくなると主張する。

「移民賛成・反対論争は無意味。受け入れようと受け入れまいと、移民などやって来ない！」の記事で、移民受入れ賛成・反対の議論は日本に移住する外国人の立場を考えていないとする。そして、日本が受入れを望む外国人として以下の三つに分類する。

（1）富裕層（お金持ちで日本に投資し、お金を落としてくれる人々）
（2）高度人材（高いスキルを持つ技術者、科学者、ビジネスエリートなど）
（3）労働者（日本人の人手が足りない建設労働、店舗労働、介護労働などに従事してくれる単純労働者）

富裕層については、日本は税金が高く、金融サービスは世界最低で、英語はほとんど通じない。食文化は世界でも有数だが住環境はよくないため、彼らは日本を選択しない。

高度人材はまずアメリカを目指す。それは、待遇のよさ、研究・労働環境のよさ、ハイレベルの教育環境では、アメリカが世界一で、日本に来るのは二流、三流人材だ。ホワイトカラー層にとっても日本は魅力がない。なぜなら、成功報酬でなく年功給であること、あまりにも残業が多く、ジョブディスクリプション（職務記述書）が明確でないため、公私の境目がない。欧米人だけではなく、中国人やインド人であってもエリートホワイトカラー層の移民は日本を選択しない。

単純労働者はどうだろうか？

たとえばフィリピンは世界中にメイドとして働き手を送り出すが、富裕層が多く待遇がよいシンガポールや香港、ハワイ、カリフォルニア、フロリダ、イギリス、スイスなどが真っ先に選択され、日本が受入れを表明してもまず来ない。「最近は、外国人実習制度による単純労働者や、不法移民でさえ日本を目指さなくなっている」と指摘し、日本はいまや、単純労働者にとっても「お金が稼げない国」になっていると言う。

日本の魅力度は?

そもそも日本は、外国人にとって魅力のある国なのだろうか。

海外滞在者用のインターネットサイト「インター・ネーションズ（InterNations）」が調査した「働きたい国」ランキングを毎年発表している。２０２１年1月の調査では世界59カ国・地域に住む、１７４カ国からの外国人居住者1万２４２０人を対象に行い、滞在先での生活を37の観点から7段階で評価した。

その結果、日本はワースト6位となった。とりわけ「定着の容易さ」は世界58位（ワースト2位）で、多くの外国人居住者から、日本は独特の文化になじむのが大変との声が上がった。また「仕事環境」も世界50位（ワースト10位）となり、あるアメリカ人居住者は「ワークライフバランスは世界最悪だ」[11]と答えた。

現実に日本に移住し、生活するとなれば、日本語という大きな壁が存在する。小学校レベルで覚える漢字は1026字に及ぶ。漢字圏以外の外国人にとって漢字は単なる記号でしかない。それぞれ異なる形に複数の読み方があることを知れば、学ぶ意欲、日本に移住する気持ちは消え失せるかもしれない。もちろん山田氏が指摘する長期に低迷している賃金も問題になるだろう。

日本の人材コンサルティング会社で働くノルウェー国籍の華僑であるウィリアム・リーウェイ・ルー氏は、IT業界では日本の給与は、営業職、専門職ともに外資系企業に見劣りすると指摘する。優秀な人材を獲得するには、まず年収を上げなければいけないが、英語、中国語が話せる人材はヘッドハンターにとって、就職斡旋先は全世界が対象になり、日本だけが対象ではないことを知るべきと言う。

ルー氏は日本での生活は、安心・安全な社会に加え、質にこだわるきめ細やかな配慮や日本人の強い責任感が生活の質の向上につながるとして高評価する。しかし、その一方で、外国人に対して、日本独自の習慣についての丁寧な説明をしなければ、外国人はフラストレーションを感じ、また外国人と日本人の意識のギャップが埋まらない。日本企業や社会にはよい点も多いのに、受入れ先の基本的な認識不足や準備が整っていないことで、せっかく採用した外国人材が短期で離職してしまうと言うのだ。

外国人が日本に対して好感を持っている間に、外国人が日本で働きたい、暮らしたいと思える政策を整える必要がある。進む円安は日本の魅力を減少させるだろうが、そうであればあるほど、外国人にとっての日本で労働し、生活する魅力を磨いていかなければ優秀な外国人からそっぽを向かれることになる。魅力のない国、先行きの暗い国とのイメージが固定化されれば、その後、政策を転換しても優秀な人材からは見向きもされないだろう。

次章では歴史を振り返り、日本は外国人をどのように受入れてきたのか、現在から古代にまで遡ることで日本の文化とは、日本のアイデンティティとは何かを掘り下げて考えたい。

第5章

外国人を受入れてきた日本の歴史

反発を生まなかった外国人の増加

外国人受入れについての議論をここまで見てきたが、議論の良し悪しにかかわらず、実態として日本に住む外国人は、コロナ禍直前まで急増を続けてきた。2022年末にはその数は、広島県の人口を超える308万人にまで増えていた。その増加は2019年の1年間で20万2044人に達した。

これは奇しくも2008年に自民党内で提示された「人材開国！　日本型移民政策の提言」と合致する。「人材開国！　日本型移民政策の提言」では50年間で1000万人という目標が掲げられており、年間の在留外国人の増加数は20万人になるからだ。

政府の政策がない中で、日本に定住する外国人は実際には日本人の減少を補う自動調整弁が働いたかのように増え続けていた。（図9）

現状を見る限り、外国人の増加は社会に問題を引き起こさずに進んでいるように見える。ヨーロッパで報告されるような、移民と地元民との深刻な対立は日本では起こっていない。

ではなぜこうした状況が、政府の移民政策なしに達成されているのだろうか。

移民政策なしに日本がこれまでやってこられたのは「多文化共生」という市民、自治体

図9　日本人と在留外国人の増減

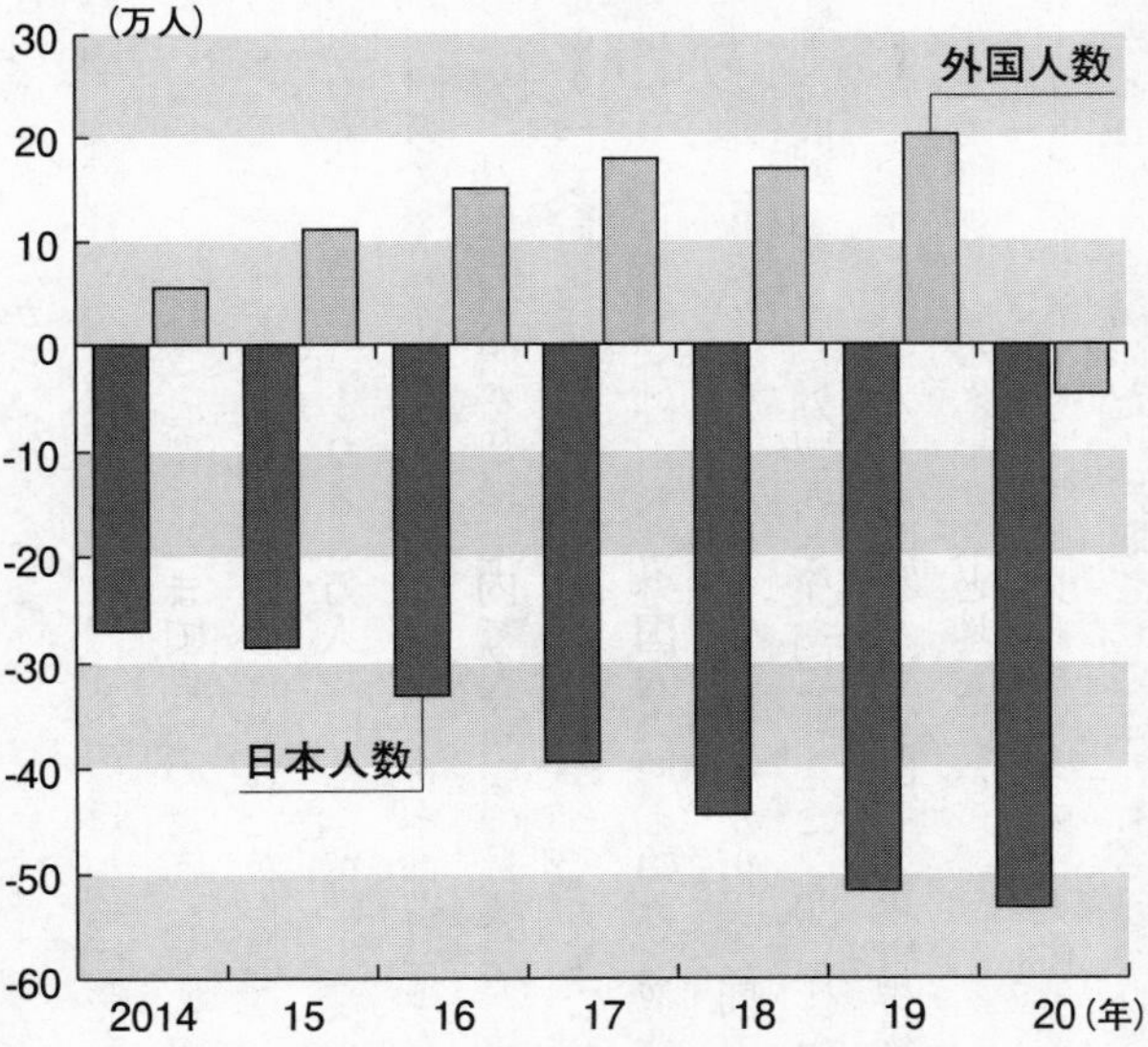

「日本人」 厚生労働省（2020年）人口動態統計月報年計（概数）の統計表
「外国人」 法務省出入国在留管理庁、令和2（2020）年末現在における
在留外国人数について公表資料

の自発的な対応があったからに他ならない。

日本で外国人は、社会から落ちこぼれ、社会に対して反発を持つようになったのかと言えばそうではない。それは政府による外国人への対応が欠如する中で、草の根レベルで外国人を支援し、また交流する活動が全国で行われたからだ。

話は1980年代に遡る。1983年、政府は「留学生受入れ10万人計画」を発表した。他の先進国では多くの留学生を受入れており、日本も留学生を積極的に受入れ親日家を増やすべきとして、21世紀初頭を留学生10万人達成の目標年と決めた。その結果、80年代には全国各地の大学で徐々に留学生が増えていくが、それまで在日コリアンを除けば外国人が極めて少なかった日本で、外国人が全国的に増え始めた契機と言えるだろう。そして各地で、留学生と地元民との交流を目的とした活動が市民の間で行われるようになった。

一方、深刻な問題を抱えた外国人も徐々に増えた。80年代後半にはバブル景気による人手不足のために、東南アジアから観光ビザで入国し、工事現場などで非正規（不法）滞在の労働者が都市部で増加しつつあった。

横浜では日雇い労働者が集まる寿町を中心に、外国人労働者が住み着くようになったが、オーバーステイという立場のため搾取されることも多かった。そうした外国人労働者に対して、キリスト教系のNPOカラバオの会が1987年に結成され支援を開始した。カラバオとはタガログ語で水牛を意味する。支援の対象者にフィリピン人が多いことがそのネーミングの由来となった。

現在、外国人労働者の人権問題や支援活動に取り組むネットワーク型のNPOに、「移住者と連帯する全国ネットワーク（移住連）」がある。早くも1991年に関東地域の移住者支援団体が集まり、関東地域のネットワーク作りを目指して「関東外国人労働者問題フォーラム」が開催されている。

その後、外国人労働者への支援は、増加する技能実習生をも対象とするようになる。移住連の活動がきっかけとなり、全国で外国人の人権問題に対処する団体が徐々に増えていった。

多文化共生という土壌もある

1990年代から外国人住民との共生を模索する動きについて、「多文化共生」という言葉が使われ始めるようになる。

1990年には出入国管理法の改正が行われ、日系南米人の日本への「定住者」の在留資格での滞在が認められるようになり、留学生とは異なる在留資格、文化を持つ外国人への対応に、地域社会は迫られることになった。

多文化共生という言葉が一般化するのは、1995年の阪神・淡路大震災が契機となる。言語や文化の壁によって在留外国人への救援や支援が滞っている状況に対して、「多文化共生センターひょうご」などが設立され、そうした活動が徐々に知られることになったからと言われる。

外国人との共生が進んでいる地域の一つと言われる三重県で、外国人支援を行うNPOの代表者は「外国人支援は地域の歴史に根差したものだ」と言う。伊勢参りの伝統がある三重県では外国人に対しても「おもてなしの精神」が発揮されていると述べる。たしかに三重県には日系ブラジル人が多く住んでいるが、自治体やNPOが活発な多文化共生活動を行っている地域と言える。

岡山県には、保健医療面を中心とした国際協力NGOとして著名なAMDAが本部を置く。そのこともあり岡山県では、県独自の岡山県国際貢献活動推進条例を策定している。岡山県には「困ったときはお互い様」の相互扶助の精神が根付いており、途上国への支援のみならず地域に住む外国人への支援が活発に行われている。しかし、これは両県に限らない。国籍にかかわらず困難に直面している人を助けたいとの素朴な思い、ヒューマニズムの精神は日本各地で根付いているものだろう。

政府の政策不在によってさまざまな課題が残されているものの、地域で増え続ける外国人に対して市民が自発的に手を差し伸べ、支援と交流を行い、在留外国人の抱える課題を最小限に抑える取り組みを行ってきた。日本語が不自由な外国人に対して、ボランティアが中心となって組織された全国の日本語教室の数は1000を超える。こうした草の根からの支援が自発的に広がったことは、日本人として誇りにしてよいことだろう。そしてその事実は、日本には外国人を受入れる土壌が十分にあることを示している。

戦後の異文化との出会い

一方で島国の日本では、かつては人びとが外国人と触れる機会は限られていた。しかしそのことは逆に、外国人に対する好奇心や関心を高めることになったのではないだろうか。

ここからは、歴史を遡ることで日本は異文化をどのように受入れてきたのかを考えてみよう。

一般の日本人が海外への渡航が許されるのは1964年の東京オリンピックの年からだ。

東京オリンピックには世界各国から選手が集まったが、当時、在日コリアンを除けば日本に住む外国人の数は圧倒的に少なかった。

しかし、海外との交流がほぼ途絶していた時代にあっても、一般の人びとは外国や異文化に対して強い関心を示した。こうした時代に一般の市民が直接、外国人と触れあう機会として始まったのが姉妹都市交流だ。

1955年の長崎市と米国セントポール市との姉妹都市締結を皮切りに、60年代、70年代には姉妹都市交流は米国とヨーロッパを対象に、全国に広がり爆発的に増えていく。

ではなぜ原爆の投下された長崎市がアメリカの都市と日本初の姉妹都市になったかについては、拙著『姉妹都市の挑戦』（明石書店、2018年）に詳しいが、戦後の解放感の中で人びとは草の根レベルで海外と交流するという新たな機会を歓迎し、平和な交流への国民的な期待が広がっていたからと言える。1964年に海外渡航が自由化されると、ホームステイなど直接的な交流が市民のみならず自治体の手で推進されていった。

そうした草の根の国際交流の経験が、1980年代以降の増加する在留外国人への支援や交流活動の土台となったと言えるだろう。

明治期のお雇い外国人

さて時間をさらに遡ろう。明治時代はどうだったのか。

日本は欧米列国をモデルとして富国強兵政策をとった。そのため、欧米の諸制度、進んだ技術を早急に取り入れようとした。それを実行するために行ったのが「お雇い外国人」と言われる欧米の専門家を日本に招くことだった。

明治の最初期から明治30年代の初めまで、その数は800人を下らないと言われる。彼らへの報酬は極めて高給で、1874（明治7）年には太政大臣相当以上が10名以上おり、同年の工部省（社会基盤整備と殖産興業を管轄）の予算の約33%が外国人技師への俸給に支出された。

彼らは単なる技術者ではない。政府は国家の基盤づくりを彼らに委ねた。

大日本帝国憲法を起草したヘルマン・ロエスレルはバイエルン王国（ドイツ）出身、陸軍の創設に携わったデュ・ブスケはフランス出身、海軍のアーチボルド・ダグラスはイギリス出身、金融と銀行はイギリス人のアレクサンダー・シャンドと、世界各国から人材が集められた。ちなみに陸軍はその後、ドイツ式を取り入れる。

そして彼らは日本の政府、経済、社会の骨格となる国づくりを担ったが、これほどの多様なパッチワークで国の骨幹を作り上げ、それを自国流に融合させることで機能している国はおそらく日本しかないのではないだろうか。

お雇い外国人の活躍は地方でも同様に見られた。江戸時代から続く弘前市の私立学校、東奥義塾はアメリカ人のジョン・イングを招き、自然科学の指導に当たらせた。彼は農業にも詳しく、アメリカからトマト、アスパラガス、レタス、キャベツなどを移植した。初めてリンゴを弘前に紹介し、青森県随一の産業になる基礎を築いている。

こうした功績の一方、彼らの日本での生活は極めて厳しいものだった。現在でいえば、テロリストが横行し、先進国にはない風土病が蔓延する国が当時の日本だった。明治初期は尊王攘夷の名残があり、常に外出には警護がつくほど身の危険を感じる生活だった。

また日本で病気で亡くなり、家族を失ったお雇い外国人も多い。土木技術者として明治政府に招かれたオランダ人、ヨハネス・デ・レーケは30年間滞日し、治水・砂防・護岸などの指導に当たり日本の「砂防の父」と呼ばれている。しかし1873年に来日後、2年後に息子、6年後に義妹、8年後には妻が相次いで病死している。

横浜・山手にある横浜外国人墓地は幕末以来、日本で亡くなった四十数カ国の外国人約

5000人が眠る場所となっている。海外からはるばるやってきた多くの外国人の貢献があったからこそ、明治以降の日本の躍進があったことを忘れてはならない。

お雇い外国人の活躍については、梅渓昇《うめたにのぼる》著『お雇い外国人――明治日本の脇役たち』（講談社学術文庫、2007年）などに詳しい。

幕末の「外国人受入れが日本を滅ぼす」論

幕末には江戸幕府の方針を巡り尊王攘夷運動が激化していた。その中で、明治初期にお雇い外国人を積極的に政府が受入れたのは、渋沢栄一が参加した遣欧使節団の派遣など、世界の現状についての情報をいち早く知る必要性を感じ、世界の中の日本の立ち位置を冷静に分析し、現実的な政策を立て、守旧派の反対を押し切る見識と実行力があったからだろう。

一方国内では、外国人を脅威と見る議論も行われていたのも事実だ。明治20年代に盛んになった「内地雑居論」がそうだ。

不平等条約の改正が迫る中、哲学者の井上哲次郎は1889（明治22）年に『内地雑居論』を著した。居留地以外の日本各地に外国人が住むようになれば、外国人に日本の土地が買い占められる。さらに、西欧人と日本人を比較して、日本人は劣等人種であり、それにより日本は危機に陥る。井上は「何《いず》れにしても劣等人種が優等人種と雑居するときは、其人口減少するの傾向を生じ逐に優等人種に圧倒せらるるものなり」と主張した。

この議論は1894（明治27）年に日英通商航海条約が締結され、治外法権の撤廃とともに、外国人の内地雑居も認められることで決着がついた。今では笑い話に思えるが外国人に対する脅威論は常にあったということだろう。

尊王攘夷が吹き荒れた幕末、薩摩藩は1863（文久3）年に薩英戦争で英国に敗れ、英国海軍の威力を認識した。そこで一転、講和交渉では英国に対して薩摩から留学生を派遣することを提案する。この提案には英国も驚いただろうが、薩摩藩は幕府の鎖国令を破って、4名の視察員と15名の留学生（最年少は13歳）を派遣することに成功した。現状を理解するとそれまでの方針を180度変えるこの変わり身の早さは、見事と言ってよいだろう。まだ幼さが残る若い世代に世界を知る大役を任せたことは驚くほかはない。鹿児島中央駅前には彼らの「若き薩摩の群像」が建立され、進取の精神を称えている。

この例のように価値観の大変革期ともいえる明治維新に、日本人は守旧に陥ることはなかった。世界の中での日本の立ち位置を客観的に理解すると、極めて素早く新たな方針、体制へと移行しそれを成功させた。

文化面では1871（明治4）年に江戸時代以来長らく続いた髷《まげ》の廃止を意図して、髪型を自由にしてよいという断髪令が出された。人びとは数年のうちに「ざんぎり」頭に切り替わった。洋服も導入され文明開化の新しい時代に向かって皆が一斉に走り出した。

さらに宗教上の大変化もある。日本では仏教の影響を受けて、1200年間にわたり肉食が禁じられてきた。肉食が禁じられたのは天武天皇の時代、676年にまで遡る。

西洋文化の紹介に取り組んだ福沢諭吉は1870（明治3）年には『肉食之説』を執筆し、文明開化を進める政府も明治4年に肉食を解禁した。それ以降、人びとは新しい時代に乗り遅れまいと肉食を積極的に取り入れた。肉食と言ってもビーフステーキをいきなり食べたのではない。日本文化との融合として「牛鍋」（現在のすき焼き）として広く普及した。肉食を禁じていた仏教自体も全国で廃仏毀釈《きしゃく》運動が行われるなど、宗教においても大きな変革がこの時起こっていた。

明治維新の時代は単に政治体制の変革だけではなく、まさに人びとにとって価値観の大変革の時代であり、また服装や髪形までも変化するというすべてが変革される時代だった。その大変革を乗り越えて日本は発展していく。

文明開化によって日本の文化・伝統は一度大きな区切りをつけることになるが、ではそれ以前の日本、江戸時代は鎖国の時代、世界と遮断されていたのだろうか？

江戸時代の〝グローバル化〟

江戸時代は「鎖国の時代」と一般に認識されているが、秀吉時代から江戸時代初期の1630年代初めまでは、東南アジアと活発な貿易が行われていた。

江戸初期の人びとの衣服の多くは、中国製絹織物や中国、ベトナムからの生糸に依存していた。またフィリピン、タイ、ベトナム、カンボジアには日本人町があり、1635年に江戸幕府がすべての日本の船の海外渡航と帰国を禁じるまでに、朱印船は三百数十隻、海外渡航者は10万人を数えたと言われる。

その後、鎖国と言われる状況の中でも、オランダ東インド会社との関係締結、朝鮮半島との関係回復、台湾との貿易拡大が行われた。

1636年に長崎に出島が完成すると、オランダ商館が平戸から移転し、1689年には出島に唐人屋敷も構築された。同年には中国人が1年間に4000人以上、滞在したと言われる。唐人屋敷は高い塀と堀に囲まれていたが、大門と二ノ門の間は広場になっており、長崎の商人が魚、野菜、薪などを並べた商店を構えていた。
中国と長崎との関係は深く、長崎市内には南京地方出身者のために1620年に興福寺が建てられ、福建省泉州の人びとによって1628年には福済寺、1629年に福建省福州の出身者によって崇福寺が建立されている。中国との貿易の仲立ちをする日本人の唐通事（中国語通訳）は800人以上、日本人のオランダ語通訳も50人程度いたとされる。
また1654年には中国から二十数名の弟子を連れて、隠元が渡来し、京都に萬福寺を建立し黄檗宗《おうばくしゅう》を開いた。隠元は「インゲン豆」で知られる食物や煎茶、精進料理などをもたらした。[12] また書道、美術、建築、印鑑、明朝体、原稿用紙も日本に持ち込まれ普及した。[13]
一方、オランダからは食物でイチゴ、ジャガイモ、キャベツ、セロリ、アスパラガスなどが出島に持ち込まれた。またヒマワリ、チューリップ、カーネーション、マリーゴールドなどの観賞用の花も持ち込まれた。[14]

日本意識の誕生

朝鮮半島との交流では徳川家康は1607年に約500人の朝鮮使節団を招き、その後、

1811年まで12回、一度につき400〜500人の使節団が日本にやってきた。

朝鮮通信使が通る街道沿いでは、その姿を一目見ようと大勢の人びとが押しかけ、沿道に金屏風を並べて道を飾り歓迎した。また江戸の人びとは祭りの時には朝鮮通信使の衣装を真似て仮装行列を行い、異文化をこぞって楽しんだ。日本のコスプレ文化はすでに江戸時代に花開いていた。

『グローバリゼーションの中の江戸』（岩波書店、2012年）の著者、前法政大学総長の田中優子氏は、戦国時代には、中国や台湾との貿易、各地の日本人町から入ってきた東南アジアの文物が国内に広く流入していたと言う。また倭寇《わこう》が仲介したポルトガル、スペインの文化の導入によって、多様で大量の外国文化にさらされたことで、結果的に「日本」意識が生まれたと指摘する。

さらに江戸時代の日本の文化の特徴を「内発的発展」と位置づける。江戸時代、日本は中国、朝鮮、琉球、インド、インドネシア、ベトナム、カンボジア、南ヨーロッパ、北ヨーロッパなど、それぞれ異なる文化の影響を受けながらも、どこに偏るでもなく、必要なものを受容して、日本文化を作り上げてきた。技術面では、戦国時代の日本の鉄砲の生産スピードは世界でも圧倒的で、その技術は朝鮮や中国に伝えられた。

多様な文化、技術を積極的に取り入れ、磨き上げて日本独自の文化、技術を発展させてきたのが日本と言える。

古代は3割を占めた渡来人

では、時代をさらに遡ろう。古代の日本はどのように他国とつながりを持っていたのだろうか。

平安時代に編纂された、古代氏族の系譜書である『新撰姓氏録《しんせんしょうじろく》』（815年）では、氏族のうち中国、朝鮮半島にルーツを持つ「諸蕃《しょばん》」に分類される名前が全体の30%を占めている。渡来人が日本に数多くいたことの証左の一つとされている。

また諸蕃のうち、唐人の場合は帰化一世の段階で改姓されており、高麗、百済、新羅出身者はそのほとんどが帰化の二世、三世の段階で改姓が行われている。

このことについて、歴史学者の田中史生氏は、著書『渡来人と帰化人』（角川選書、2019年）で、当時の日本は朝鮮諸国からの文化的な影響を土台に立ち上がった国家ではあるものの、目指す律令国家の理想を唐に置いており、その唐人が日本にいち早く根付いたことを示すことを意図したと言う。

古代において日本と朝鮮半島、大陸とは極めて深い関係があった。明治の経済学者・田口卯吉は、秦漢の人は帰化し紡織、文芸を伝え、韓人は帰化して建築、彫刻、絵画等の技を伝えたと分析している。

5世紀には朝鮮系渡来人によって硬質の須恵器、酒造、発酵醸造、祭礼がもたらされた。また各地の首長がそれぞれ朝鮮半島と関係を築いて必要な人材を独自に呼び寄せていた。興味深いのは、たとえば下駄は5000年前の中国に起源があり、5世紀に日本に伝わったことは古墳の出土品から確認されているが、朝鮮半島での同時期の遺跡からはほとんど発見されていない。つまり中国から朝鮮半島経由で下駄が伝わったものの、日本と朝鮮半島で受容の程度に差がある。[15]

逆に朝鮮半島では受入れられ、日本で受容されなかったものもある。たとえば土器を作るとき、格子状の模様のついた板でたたく技巧が中国に古くからある。朝鮮半島には1～2世紀に登場し広まるが、一方日本では北部九州や近畿地方で一部出土するもののその数は限られている。新たな技法であったとしても、すべてそれを採用したわけではない。

古代の日本においても江戸時代に見られた選択的な技術や文化の受入れが行われたのは興味深い。

朝鮮半島との深いつながり

5世紀半ばに百済は、日本に対して任那《みまな》への軍事援助の見返りとして、高度な知識の五経博士（百済の官職名で儒学に精通した人物）を交代制で派遣している。

百済と日本との関係は緊密で、461年に百済から「質《しち》」として昆支《こんき》王子が渡来した。王子が筑紫の島（九州）に渡ったときに生まれたのが武寧《ぶねい》王であり、雄略天皇は、兵器と筑紫郡の兵隊500人を与えて百済に護送して支援したという。百済と日本とのつながりは、桓武天皇の生母である高野新笠《たかののにいがさ》は百済系の渡来人であることでも知られている。

興味深いのは6世紀半ばから7世紀前半に、新たに渡来した人びとを「今来才伎《いまきのてひと》」と呼んだことだ。在留外国人のうち、在日コリアンに対比して、1980年代から増加した日系南米人、留学生、労働者などを「ニューカマー」と呼ぶが古代の日本でも同様の名称を使っていた。

660年に百済は滅亡する。ヤマト王権は百済の復興のために、白村江《はくすきのえ》に軍勢を送る。これが663年の白村江の戦いである。日本から第一陣は約1万人、第二陣は約2万7000人、第三陣は約1万人の陣容で朝鮮半島に渡った。[16] 当時、これだけの人数を運べる船があったということになる。

しかし、新羅が約5万、唐が約13万という両国の連合軍との兵力差は圧倒的だった。また唐の巨大戦艦に対して日本・百済連合軍の船は小型で水軍の戦力の差も大きく日本は大敗する。その後、日本は朝鮮半島から完全に撤退し、対馬、壱岐《いき》、筑紫に防人《さきもり》を配備して唐の来襲に備えた。

百済の亡命王

百済の滅亡とともに多くの百済人が日本列島各地に亡命した。その数は少なく見積もって数千名で、階層も貴族、僧、一般人と幅広かった。

664年には百済王族の善光が大阪市天王寺区の細工谷遺跡付近に土地を与えられ、亡命王族の拠点になった。遺跡からはさらに古い時代の百済系土器が出土しており、亡命百済人の受け皿になったと推定されている。善光は百済最後の王の義慈《ぎじ》王の子で兄の豊璋《ほうしょう》とともに質《しち》として渡来した。674年からは百済王と呼ばれ日本に帰化した。

日本と大陸との深い結びつきを彷彿《ほうふつ》させる話は各地に見られる。

宮崎県の山間部に位置する美郷町南郷地区は「百済の里」として観光客を集めている。

百済が7世紀に滅亡すると、そのとき王族たちが国を逃れて九州に移り住んだという伝説がある。その王族たちが落ち着いたのが南郷地区であったという。

南郷地区の神門《みかど》神社には百済王のご神体が祀られており、奈良・正倉院と同一の銅鏡を含む銅鏡33面や馬鈴・馬鐸《ばたく》などの遺品が収蔵されている。

南郷地区には1000年以上もの間、村人によって受け継がれている「師走祭り」がある。師走祭りは旧暦の正月の前（新暦では1月下旬の週末）に行われ、県内木城《きじょうちょう》町の比木神社に祀られている百済の福智《ふくち》王の御神体が、南郷地区の神門神社に祀られている父の禎《てい》嘉《か》王に対面する儀式と言われる。

この1000年余りにわたる伝統を受け継いできた南郷地区の人たちにとって、自分たちの祖先が百済から渡ってきたことは誇りであり、韓国に対して特別の愛着を感じている。1993年に韓国で開催された大田《テジョン》万博では、日本の自治体から唯一出展し、その際、百済王のご神体を運んで「千三百年目の故国帰り」を果たしている（サントリー地域文化賞受賞・HP）。

朝鮮半島からの亡命という点では、666年に高句麗が日本に派遣した使節に玄武若光という人物がいる。2年後、高句麗は唐の攻撃により滅亡するが、若光は日本にとどまり帰化したと考えられている。埼玉県日高市の高麗《こま》神社の高麗氏系図では高句麗から日本に派遣された若光が武蔵国高麗郡に居地を移し、それが高麗神社の主祭神となったとされる。また高句麗との関係では、聖徳太子の師である慧慈《えじ》は高句麗出身の僧だった。

日本食は鑑真がもたらした

日本の仏教の基礎を作ったとも言える鑑真は、苦難の末、753年、6回目の渡航で、日本に到着した。彼が日本にもたらしたのは戒律の伝授法の確立や経典などといった仏教に関するものだけではない。現在の日本食の元となる味噌、砂糖、納豆を伝えたと言われる。大陸から命がけで日本に渡った鑑真がいなければ、今の和食はなかったことになる。

さらに時代を遡れば、九州北部に渡来人の集団である弥生人が紀元前10世紀頃に現れ、水稲農耕技術、銅、鉄など、朝鮮半島の最新の技術をもたらすことで弥生時代が始まる。稲作の導入によって定住化、集団化が始まり、それが社会となっていく。この弥生人の流入は急速に起こったものではなく、何世紀にもわたったゆっくりとしたものであり、縄文人が弥生人に入れ替わったのではなく、生活スタイルも遺伝子的に、長い時間をかけて融合していったと考えられている。

そもそも日本列島に人類が到着したのは約3・8万年前の対馬ルート、約3・7万年前の沖縄ルート、約2・5万年前の北海道ルートからといわれる。彼らがやがて石器を使い、土器を使用する縄文時代は1・2万〜1・65万年前に始まる（出口治明『0から学ぶ日本史講義——古代篇』文藝春秋、2018年）。

日本人の起源をDNAで分析すれば、単一民族説は生物学的に間違いだと証明されている。沖縄などを除いた日本列島の人びとと中国、韓国の人びとのDNAを比べれば、日本人のほうが遺伝子的に多様性に富んでいる。日本人にはそれだけ多くの源流があるということになる。

さらに言えば、単一民族的な色彩が強いと言われる今の日本は、実は多種多様な民族、人びとが入り混じった後の究極の姿とも言える。多様な人びとが混ざり混ざった結果、現在のような単一的と言われるまでの国民性にまでたどり着いたのではないだろうか。アメリカは多民族社会と言われるが、日本は古代に多様な人びとが混じりあう経験をすでに済ませたのかもしれない。

また新たなサイクルへ

日本は古代から多様な人びとを受入れるサイクルを繰り返して発展してきた。日本は多様な人びとが混じりあった結果、現在に至る均質的とも言える国民性の国になった。しかし、これから人口減少が激化する中で、再度、日本の新たなサイクルが始まろうとしているのではないか。それは島国である日本にとって自然なことなのかもしれない。

そんな日本の過去の経験を、海外はどのように評価しているのだろうか。

ケンブリッジ大学名誉教授ピーター・バーク氏は、著書『文化のハイブリディティ』（河野真太郎訳、法政大学出版局、２０１２年）で、日本の文化は「借用」の歴史だと指摘する。明治維新に日本はイギリスの議会制度、ドイツの大学と軍隊、米国の物質文化を容易に取り入れたが、それは長い借用の歴史があるからできたことだと言う。

たとえば日本語について、彼は無屈折の中国語と屈折だらけの日本語の差異にもかかわらず、中国語の書記体系を採用した点を指摘する。「屈折」は言語学の用語で、単語間の関係を明示するための語尾の変化等を意味し、日本語では助詞の使用によって言語の関係付けが行われる点で、屈折の多い言語とされる。

そもそも言葉の成り立ち、文法がまったく異なる中国語から漢字を日本語に取り入れたことが、結果として、日本語が世界最難関の文字使用の言語となり、外国人にとって極めて大きな壁となっている。

また彼は16世紀に日本人が西洋人と最初の接触をしたとき、日本人が新たな思想や物品に極めて高い関心を示したことに注目する。鎖国という時代があったとしても、「日本は『開かれた』伝統を持っているということができる」と主張する。

一般的に、異文化と接触した際、異種混淆《こんこう》によって、均質的なグローバル文化が生まれることは少ない。むしろ、さまざまなローカルの環境に適応し多様化が進む。一方、グローバリゼーションの中で、もっとも遅いのは人間の態度、メンタリティの変化であり、「基礎的な態度や言葉にはされない前提」の変化には時間がかかるという。その指摘を考えれば、明治期の日本人の急速な意識変化は、世界でも例外的と言ってよいだろう。この事実は、日本人は危機に対して果敢に自己変革に取り組み成功させてきたと言えるのではないだろうか。

では、日本人とは何か?

日本人は何者か?　について簡単な答えがあるわけではない。ただそのことについての模索は従来から行われてきた。

日本人論の先駆けは第二次世界大戦中に書かれたアメリカ人文化人類学者、ルース・ベネディクトの『菊と刀』だ。

平和な暮らしの中で大輪の菊を咲かせるために丹精を込めた努力を行うとしながらも、予断を許さず刀を磨き、いつでも戦闘態勢に入れるという二面性を持つ精神文化を「菊と刀」という言葉で象徴した。さらに日本人が重視する「恥」「義理」「人情」「恩返し」といったキーフレーズを掘り下げて日本人の特質を明らかにしようとした。

日本人では1960年代に中根千枝の『タテ社会の人間関係』(講談社現代新書、1967年)がベストセラーとなった。「ウチ」「ソト」を強く意識する日本人の社会構造を個人主義・契約精神の根付いた欧米と比較することで日本人の意識、日本社会を分析した。同じくベストセラーになったイザヤ・ベンダサンの『日本人とユダヤ人』(山本書店、1970年)は、日本人をユダヤ教徒との対比で日本人の価値観や宗教観を明らかにした。歴史学者の会田雄次は『日本人の意識構造』（講談社現代新書、1972年）で日本人の特性を内側に向いている精神的姿勢と特徴付けた。

こうした日本人論は1970年代に盛んに論じられたが、50年近く経過した現在、『タテ社会の人間関係』で取り上げられた家族制度は意味を失った反面、集団主義的な側面は今でも日本社会に根付いている。

同調圧力につぶされそう？

現在、外国人が日本社会で戸惑うのは「同調圧力」ではないだろうか。外国人のみならず、日本人も強い同調圧力の中では息苦しさを感じ、縮こまった生活を余儀なくされてしまう。

しかし、同調圧力は日本社会の一側面ではあるものの、それが日本文化のすべてではない。むしろ、日本文化は本来、おおらかなもの、異文化を飲み込み発展させる度量を持つものだ。現在の同調圧力は閉塞感が強まる今日的な現象であり、日本文化の本質から離れたものではないか。そうであれば、移民の受入れは日本文化の本来のあり方、おおらかな寛容性を取り戻す契機になることもあり得るだろう。

オックスフォード大学のポール・コリアー教授は、移民は社会的多様性を増加させ、多様性は問題解決に新たな見方をもたらすことで経済を豊かにし、暮らしに楽しみを与えると主張する（『エクソダス』松本裕訳、みすず書房、2019年）。

日本社会が少子高齢化・人口減少で活力を失いつつあるのであれば、移民がもたらす多様性が同質性志向、内向き志向を打破する役割を果たし得る。多様性をテコとして活用することで硬直化した社会の雰囲気を一掃することも考えられるだろう。

その一方、同教授は多様性がもたらすリスクも指摘しており、その点も紹介しておきたい。

多様性のリスクとして、相互共感の力が弱くなることで、助け合いと寛大さという貴重な恩恵を損なってしまう。つまり多様性の便益とコストの間にはトレードオフの関係がある。その意味でどの程度の多様性が最適かは重要な問題だが、社会研究はその答えをまだ見いだせていないと言う。

日本が外国人を受入れるとすれば、毎年、どの程度の人数の受入れが適切かは今後、議論になるだろう。さらに日本人、日本社会として何が変わらない本質的な部分なのか、あるいはすべて変化し得るものなのか、また変化することこそが日本的なものなのか等、外国人の増加を通して、改めて日本の歴史と社会のあり方は今後、大きな関心を呼ぶのかもしれない。

実は作られた国民意識

現在では人種や民族という概念は文化的なものであり、生物学的・遺伝的なものではないというのが通説になっている。

一方、多くの国は自国民、自民族という意識を持っている。では、そもそも自国民、自民族の由来は何だろうか。

まず国として成り立つためには領土が必要であり、国境線が引かれている。

日本は島国であり、自然の国境線が引かれているが、世界の大半の国では言語、宗教、生活様式で共通の文化的特質を持つエスニック集団が形成されており、自然発生した多くのエスニック集団が何らかのきっかけによって「国民」としてまとまり、一つの「国家」への帰属意識を持つ国民国家が生まれた。

しかし、それは自然にそうなったのではなく、多くは人為的な行為があったからだ。たとえば、かつての植民地では、独立に際して本来バラバラに存在していたエスニック集団が宗主国の引いた国境線をもとに、独立を求めることが国家の成立につながった。

国際交流基金に勤め、インドネシアに駐在経験のある跡見学園女子大学の小川忠教授は、著書『自分探しするアジアの国々』（明石書店、2021年）の中で、多様な民族からなるインドネシアの状況を紹介している。「多様性のなかの統一」という理念の下で、多くの民族が**「インドネシア人」「インドネシア民族」となることを決意した**と言う。

インドネシア人が生まれた背景には、宗主国オランダによる植民地支配への不満、反発がある。それを共通基盤として、遠く離れたジャカルタとマカッサルの人びとの間で「同胞」意識が芽生え、それがインドネシア民族主義となり、「インドネシア国民」の形成につながった。

意外なことに、それを間接的に助長したのは日本軍の占領（1942〜45年）だ。日本の制度である隣組や組合が導入され、インドネシアの伝統的な村落共同体の再編を促した。また宣伝メディアを通じた大衆教化や軍事訓練が若者に規律、集団行動、抽象的理念への忠誠心を植え付けた。

日本軍が去った後、支配したオランダに対する独立戦争では、日本の支配下で育った国民国家の一員としての自覚が大きな役割を果たしたと言う。

「国民国家」がアジアにおいて樹立されるのは、日本など少数の例外を除けば第二次世界大戦後のことだ。多くの国では、国民意識は人為的に「培養」され、国民による国家体制を築く礎になった。そして国への思い、国民意識は学校教育の中でも形成される。

インドネシアで1927年に作曲された「タナ・アイル（ふるさと）」は学校の音楽教育に組み込まれ「祖国インドネシア」への感情を歌い上げ国民歌謡となった。

それは日本でも同様だ。日本の唱歌「故郷（ふるさと）」は1914（大正3）年に尋常小学校の六年生用（第5曲）となったが、いずれも子どもたちに国民意識を植え付けるために作られた曲だった。その意味で日本においても明治政府の富国強兵政策の中で、人為的に「国民意識」が醸成された。しかしその国民意識は今、大きく変化しようとしている。

ラグビー「ワンチーム」の強さ

2019年、日本で開催されたラグビーワールドカップは日本中を沸かせた。初戦のロシア戦を皮切りに、アイルランド、サモア、スコットランドを撃破。日本は4連勝して準々決勝に進出し、日本中を熱狂の渦に巻き込んだ。

ラグビーは国籍を取得していなくても、3年以上の居住歴と、他国の代表としてプレーした経験がないなどの条件を満たせば、新たな国での代表資格が与えられる。主将のリーチ・

マイケルや最年長のトンプソン・ルークが日本国籍を取得する一方、トンガ系ニュージーランド人のウイリアム・トゥポウや韓国出身の具智元《グ・ジウォン》など、外国籍の選手も多かった。

チームを率いたリーチ・マイケルは、日本代表に外国人が多いのはなぜかとの質問に「それは今の日本だからです」と答えている。「かつて日本には外国人は珍しかった。しかし、今は違う。そしてこれからもそれは続いていく」と言う。

「外国人には、もともとの日本人にはない技術や、クリエイティビティ（創造力）、アダプタビリティ（応用力）があって、日本社会に貢献しています。日本はこれからも外国人を受入れて、一緒に働いていかなきゃいけない」「だからラグビー日本代表の姿は日本の現実だし、未来の姿を先取りしている。ダイバーシティ（多様性）の大切さを社会にアピールできる存在なんです」と日本社会の変化を強調した。

外国人を日本チームのキャプテンに起用した最初は、日本でワールドカップを開催する20年前、１９９９年ワールドカップで日本代表を率いた平尾誠二監督だった。

平尾監督はアンドリュー・マコーミックを史上初めて日本代表のキャプテンとした。

外国人を積極的にメンバーにすることについて葛藤はなかったのか、との質問に対して「まったくなかったとは言えません。けれど、それよりも一番良いメンバーを揃えることを優先して考えました」「僕は、外国人が組織に入って有機的に機能することで、世界に向けても貴重なモデルケースを作れるんじゃないかとも思っているんです」と答えた。

リーチ・マイケルら選手は20年前に敷かれたレールに乗って、まさにその通りの成果をあげたことになる。ワールドカップ前のインタビューでリーチ・マイケルは「いろんな考え方、違う経験を持った人がいれば、そこからお互いが学ぶことができる。国籍とかどこで生まれたとかは関係なく、人はみなひとりの人間ですから」と結んでいる。[17]

立命館アジア太平洋大学（APU）の出口治明学長はリーチ・マイケルに同意する。ラグビーワールドカップでは、日本代表がワンチームを掲げてベスト8に入り「本当にうれしくて燃えました」と語る。しかし、仮に日本だけにルーツを持つ〝純粋な日本人〟だけでワンチームを作ったらベスト8に入れなかっただろうと言う。

混ぜると強くなる

出口学長は「混ぜると強くなる」はラグビーだけではなく、サッカー、野球、大相撲でも同様だ。ビジネスの基本もダイバーシティであり、混ぜないといけないと言う。

日本のビジネス界で「混ぜる」がなかなか進まないのは、日本経済の現状に対する危機感がないためと喝破する。その一方で、現実には外国人から見た日本の〝魅力〟は徐々に薄れていると主張する。日本が優秀な人材を集めるには、経済が活性化する社会を作ること、日本にはワクワク・ドキドキする社会環境が必要と言う。

拙著『限界国家――人口減少で日本が迫られる最終選択』（朝日新書、2017年）の巻頭推薦文を寄せてくださった堺屋太一氏は、日本は17世紀の前半に相当数の海外からの移住者を受入れたと主張する。彼らは、大名家の右筆《ゆうひつ》や御殿医となり、陶芸や染色にも従事した。またその子孫は完全に日本社会に溶け込んだ。忠臣蔵で有名な赤穂浪士の一人として討ち入りに加わった武林唯七の祖父は中国出身で武林唯七は移民三世に当たると指摘する。つまり移民も三代目には日本文化を体現するような人材になると言う。

日本社会には共に働き共に暮らす人びとを同化する凄まじい同化力があり、このことに日本人は強い自信を持つべきだと述べている。

日本が古代から異邦人を受入れ、彼らがもたらす技術や文化を吸収しながら独自の技術、文化を発展させ、社会のイノベーションを続けてきた歴史を考えれば、外国人の受入れは伝統に沿ったものと言うこともできる。日本人は異文化に強い好奇心を示し、それを積極的に受入れて新たな成長につなげてきたが、それこそが日本らしさ、日本の真骨頂であり、日本のアイデンティティそのものと言えるだろう。

次章では日本より一足先に移民ジレンマから脱出した国、ドイツを取り上げる。日本と似た受入れを行いながらドイツは2004年に移民法を制定して明確な移民政策をとるようになった。そこから日本が何を学べるのかを見てみよう。

第6章

ドイツはこうして移民を受入れた

「移民ジレンマ」の克服へ

ドイツと日本はさまざまな点でよく比較され、また似通った国だと言われることも多い。移民の受入れについても同様だ。

一つは日本同様に移民政策のない中で、移民が増える時期が長く続いたことだ。移民はドイツのアイデンティティにかかわる問題として「見て見ぬふり」（元ドイツ連邦議会議長の発言）を通し、長らく放置されてきた。これは今の日本と同じと言える。

しかし違いも大きい。ドイツは２００４年に苦労の果てに移民法を策定し、ドイツとしての移民に対する態度を明確化し、受入れ促進に舵を切った。移民ジレンマから脱出したのだ。さらにトルコ出身者をはじめとするムスリム系移民への対応に苦労している点、また日本では極めて少ない難民受入れで世界をリードしてきたこととは大きく異なる。

本章では、以下の三点を中心にドイツの状況を詳しく見ていく。

- ドイツは移民とどう向き合ってきたのか？　現在の課題は何か？
- ドイツは移民ジレンマをどのように克服したのか？

●日本にとっての教訓は何か？

ドイツの人口減少

ドイツの国土は35・7万平方キロメートルと日本の約94％の面積を持ち、人口は約8319万人（2020年9月）と、ロシアを除けばヨーロッパで一番多い。1990年10月3日に東西両ドイツが統一され、連邦共和制をとった。旧西ドイツ10州、旧東ドイツ5州及びベルリン州の16の州によって構成されている。

ドイツと日本との交流の歴史は江戸時代にまで遡る。1861年に日本と当時のプロイセン王国との間で修好通商条約が調印されたのが日独交流の始まりとされる。

そのプロイセン王国は第一次世界大戦後に解体され、また第二次世界大戦によってドイツは東西に分断された。第二次世界大戦後には、ロシア、ポーランド、チェコスロバキア、ハンガリーに残留していたドイツ人が母国に帰還し、その際、帰還者の総数は1650万人に及んだと言われている。

1950年代、60年代の経済復興期には南欧、トルコから数多くの「ガストアルバイター」（直訳すると「ゲスト労働者」の意）を1973年までの間、受入れた。トルコからの外国人労働者の数が極めて多く、後述するドイツの移民問題の最大の課題となっていく。

一方、ヨーロッパ全体では1985年にはシェンゲン協定の締結とその後の拡大によって、EU圏とほぼ重なるヨーロッパ内での国境が撤廃され、人の自由な移動が可能となった。それは単なる旅行だけではなく、労働者の自由な移動と就労も可能な制度であり、2000年代には、EUの新規加盟国からのドイツへの移住も活発化した。

EUの中で人の移動が活発化する一方、近隣諸国での紛争によって何度も難民がヨーロッパに押し寄せた。1992年の旧ユーゴスラビア内戦でも数多くの難民が発生しドイツへ流入した。

近年、ドイツを揺るがしたのは2015年の欧州難民危機だ。シリアを中心に一挙に100万人以上の難民がヨーロッパに押し寄せ、その結果、2015年のドイツへの難民の数は89万人に達した。また2018年時点のドイツに在留する難民の数は110万人となり、難民と移民の双方を合わせたドイツの総人口に占める割合は13%に達した。

以上のようにドイツでは、ヨーロッパ内の人の移動および移民・難民の受入れを進めてきたが、それでも、人口減少と少子高齢化は避けられなかった。

21世紀になり2003年から2010年にかけて8年連続で人口は減少し、その後、人口増加に転じるものの、長期にわたる人口動態の変化をドイツは将来の危機としてとらえていた。人口減少・少子高齢化に対する危機意識がドイツの移民政策の根底にあると言ってよいだろう。

2015年の難民危機

さて移民施策の議論に入る前に、2015年に起きたドイツの難民危機について触れておきたい。ドイツは難民受入れでは世界で最も進んだ国と言えるが、それには歴史的な背景がある。またそれがドイツの政治にも大きな影響を与えている。

筆者は難民受入れによる大混乱の余韻が残る2017年8月にドイツのミュンヘン、ハノーバー、ベルリンの各都市を移民・難民調査のために訪れた。政府各機関、自治体、移民を支援するNGO、そして難民自身からドイツの状況について話を聞く機会を得た。現地での経験に触れながら話を進めたい。

2015年、内戦状態となったシリアをはじめアフリカ、中東から地中海やヨーロッパ南東部を経由して100万人を超す難民・移民が一挙にヨーロッパに押し寄せた。ドイツはその前面に立つことになった。そしてメルケル首相は、難民の受入れに対して積極姿勢を示した。

これはドイツが難民に対して極めて特殊な立場であることに起因している。ドイツの憲法である基本法の第16条aには「政治的に迫害されている者は庇護権（保護の保障）を有する」とある。つまり、ドイツ政府は難民の受入れを憲法で定めているのである。これはナチスによる大量虐殺の過去への反省から、国の根本原則である基本法にこの条項が定められたといわれる。

2015年に発生した難民危機の際には、ドイツの当初の想定をはるかに超える数の難民が流入した。国内での非難の高まりにもかかわらずメルケル首相は「われわれはできる」と胸を張った。

ドイツでの調査で分かったことは、メルケル首相の積極的な発言とは裏腹に、難民が押し寄せた自治体では受入れ態勢がまったく整っておらず、そのため大混乱が生じたのだった。

現地では殺到する移民について、政府は一人ひとり聞き取りを行ったが、当初はPCではなくノートに記述していた例もあったと言う。そのため情報の整理がうまくいかず、正確な移民の数の把握は困難を極めた。それだけ現場が混乱状態にあったということだろう。

日本人としては意外だが、ドイツでは地方によるIT化の進展の差が大きいという実態もある。

またそうした混乱の一方で、多くの市民やNGOが難民を温かく受け入れようとさまざまな取り組みがなされていた。難民を支援するための市民活動が全国で活発になったのも事実だ。

難民女性が住まうシェルターを訪問した際、多くの市民が立ち上がって施設の設置に携わった、との話も聞いた。

一方、難民自身の口から出た話は、ドイツに到着するまでの道程がいかに大変だったかだった。受入れてくれたドイツには感謝するとしながらも、これからのドイツでの生活が期待していたものになるのかどうか、将来への不安の声も数多く聞かれた。

駐日ドイツ大使の熱弁

こうしてドイツが難民問題で大きく揺れていた2015年9月、ヴェアテルン駐日ドイツ大使は日本記者クラブで、ドイツの難民受入れについての講演を行っている。大使の発言は、難民の受入れについて極めて前向きだった。

ドイツでは難民の増加とともに、一般市民のボランティア活動が盛んになり、資金や物資の寄付が集まっていること、難民受入れはドイツ基本法に定められており、難民を積極的に受入れる自国に対して誇りを持っていると講演している。[18]

難民認定には、政治的な迫害を受けているかどうかがカギとなるが、「大前提としてドイツに助けを求めてくる人をドイツは歓迎するし、彼らは人間らしい扱いを受けるべきだ」と答えている。

ドイツ大使の熱弁の一方で、大量の難民の到来によってメルケル首相への非難の声は次第に高まった。準備不足の中での大量の難民が日々、全国各地に到着する様子に当初、歓迎ムードだったドイツ人の間にもこれがいつまで続くのかという不安が広がり、それがメルケル首相への反発となっていった。

こうした難民に対するドイツ人の不安をテコに力をつけた政党がある。極右の反移民勢力として知られる政党、それがＡｆＤ（ドイツのための選択肢）だ。

AfDの台頭

ＡｆＤとはどのような政党なのだろうか？

「ドイツのための選択肢」の名前は、2010年のユーロ危機の際、メルケル首相がドイツ政府として「ユーロを支持する以外の選択肢はない」という発言への反発に由来する。政府のこの経済政策に反対する専門家が集まり、メルケル首相の経済政策と異なる路線を表明する集団がAfDの原点となって、政党に成長した。

ユーロ危機が収まるとAfDの認知度も下がっていったが、2015年から深刻化した欧州難民危機に乗じて、難民に対する非難発言をくり返し、極右政党として認知されるようになった。

AfDは2015年の国政選挙の際には、以下のような主張を行っている。

- 難民の庇護権は一時的なものであり、難民は帰ることが前提である。EUは自ら問題を抱えながら数百万の難民を受容したがこれは受入れられない。
- ヨーロッパの国境において難民を追い返さず受入れることが行われていることは看過できない。ヨーロッパ移住のための人権などは存在せず、我々は移住するものを選ぶ権利を有する。
- AfDは大量の人の移動の終焉を求める。移民・難民に関する欧州協定からの離脱を求め、移民の分離を支持し、移民受入れ枠を拒否する。ＡｆＤは主権と国境の維持を求める。[19]

ＡｆＤは２０１７年9月のドイツ連邦議会選挙で初めて国政に乗り出し、94議席を獲得して第三野党となった。直近の２０２１年9月26日の選挙ではドイツの政党として5番目、10・３％の得票率に留まり、議席は12議席を減らして82議席となった。とはいえ、国民の1割はＡｆＤに投票していることになる。

ＡｆＤは旧東ドイツでの得票が多いと言われる。東西統一を果たしたものの、ドイツは現在も東西間の経済格差は解消されておらず、旧東ドイツの住民は給与、生活水準も低く、また人口減少の悩みも抱えている。メルケル首相は旧東ドイツ出身だったとはいえ、旧東ドイツを特別優遇しなかった。そうしたこともあり、旧東ドイツではメルケル政権に対する反発が強かった。一方、産業が弱体な分だけ移民の数も旧西側と比べると少ないが、移民への反発は逆に強い。

ヨーロッパに在住して各国での移民反対の動きを取材し『ルポ 外国人ぎらい』（ＰＨＰ新書、２０２０年）を著した宮下洋一氏は著書で、ＡｆＤについて以下のようなエピソードを紹介している。宮下氏が東ドイツのザクセン州ドレスデンでＡｆＤの集会を取材すると参加者は高齢者ばかりだった。「イスラム文化はいらない。ドイツ文化のために戦う」という勇ましい声や「このままではこの国がアフリカ人やアラブ人に支配されてしまう」という悲痛な声が上がったと言う。

ＡｆＤは監視対象

筆者の知るドイツ人の知識層や国内のドイツ専門家によると、ドイツの一般市民はＡｆＤについて、極端な主張を掲げる異端の政党との認識を持っていると言う。

実際、ＡｆＤは過激でポピュリスト政党としての性格を露わにする言動が見られる。たとえば、党の広報を長く務めたクリスチャン・リュート氏は解任されたが、その理由は以下の発言だった。

ドイツのニュースサイト「ツァイト・オンライン（Zeit Online）」は、リュート氏が2020年2月、ユーチューブで報道活動を行う右派寄りの記者と会見した際、2015年の難民流入について、さらに多くの移民がやって来ていることは、ＡｆＤにとって政治的利益になるので歓迎すると述べた上で、「受入れてからでも、彼ら全員を射殺することができる。それは問題ではない」「毒ガスでも何でも好きな方法で殺せ。何でもいい」と語ったと報じた。[20]

この過激な発言を民間放送局がひそかに撮影しており、会話の内容が暴露され解任となった。

リュート氏は解任されたものの、ＡｆＤに対してドイツ政府はその極右的な志向の故に監視対象とすることを決定した。ドイツ政府の情報機関である連邦憲法擁護庁は、ＡｆＤを極右の疑いがある組織に指定し、監視対象としたことが２０２１年3月に判明し、独メディアがこぞって報じている。

「移民」ではなかったトルコ系

ドイツの移民問題の本丸である「トルコ系移民」についての話に移ろう。

ドイツは第二次世界大戦で敗れた後、日本と同様、急速な経済発展を遂げた。日本と違うのは、高度成長期に外国人労働者の受入れを始めたことである。１９５０年代、60年代の経済復興期には南欧、トルコから数多くの「ガストアルバイター」を受入れた。

当時、ドイツでは深刻な労働力不足に陥っており、そのためイタリア、スペイン、トルコ、モロッコ、ユーゴスラビアなど9カ国から1973年まで労働者を受入れた。その想定はあくまでも人手不足を補う一時的な労働者であり、「移民」を想定したものではなかった。しかし、その数は徐々に増えていき、ドイツ経済にとって欠かせない労働者となっていった。オイルショックが起こった1973年にこの制度がなくなっても、トルコ系労働者はドイツに根を下ろし、また本国から彼らが家族を呼び寄せることをドイツ政府も認めた。

この例は、外国人労働者が移民となる典型的なパターンと言える。外国人労働者の多くは、将来にわたる定住を考えるのではなく、短期的な労働を目的に国境を越える。また受入れ国も同様に一時的な労働者として受入れた。しかし、双方の思惑とは別に、彼らのドイツでの生活が長期になると、母国トルコの経済、社会状況から帰国を急がなくてもよいと考え、さらに母国出身者と結婚して、その家族を呼び寄せた。結果として家族単位での「移民」として定住することになる。

つまり、外国人労働者自身も、また受入れ国も、当初から移民を想定していたわけではない。一時的な労働者のつもりが、現実には定住化が進んで移民になった。これはヨーロッパに広く見られるパターンであり、日本でもドイツと同様の状況下で定住化が進んでおり、移民と呼ぶべき在留外国人が増えている。

ドイツで起こった移民化のプロセスは、外国人労働者自身が定住を前提とする移民としての覚悟を持たないだけ、ドイツ語の学習はなおざりとなり、また受入れ側のドイツ社会も彼らをドイツ市民と認めようとしなかった。一時的な滞在者である以上、政府として彼らにドイツ語を学ばせる必要はなく、またその子どもたちの教育にも力を注ぐ必要はなかったということになる。

しかし、現実に起こったことは、家族単位での定住化であり、ドイツ生まれの子どもの増加である。実質的な移民化が大きな問題となっていく。

彼ら自身はドイツ語能力が不足していたこともあり、生活の利便性のために自らのコミュニティを形成していった。それは自然な成り行きと言えるが、問題なのは、彼らと一般のドイツ市民との間のコミュニケーションが次第に断絶するようになったことだ。その結果、ドイツ市民とトルコ系住民の心理的な溝は深まり、ムスリムである彼ら自身も自文化に固執し、ドイツ社会も彼らに対してよそ者との意識を持ち続けた。社会の分断化と言ってよいだろう。

これがヨーロッパ各国に共通して見られる「並行社会」と呼ばれる現象だ。つまり、ドイツに移り住んだ異文化を持つ人びとはドイツという大海の中で、各地で独自の島を形成した。

ヨーロッパ全体を見るとイギリスやフランスではドイツと異なり、旧植民地からの移民が多いという特徴がある。旧植民地の国々では言語の面では旧宗主国の言語がそのまま使われているケースが多く、移民は言葉の面での苦労は小さい。一方、ドイツへの移民は新たにドイツ語を覚えなければならず、それが大きな問題となる。今、トルコ系の人びとは280万人とドイツの総人口の3％を占めるとされる。

ドイツがトルコから労働者の受入れを開始したのは1950年代であり、すでに第三世代、第四世代に入っている。半世紀以上にわたりドイツで暮らしながら受入れ先の社会になじまず、コミュニケーション、交流のない状況が生まれることこそが移民問題の最大の課題となっている。

移民の街「リトルイスタンブール」

では、トルコ系移民はドイツ社会でどのように暮らしているのだろうか。

筆者は2018年にベルリンを訪れた際、市内南東部のトルコ系住民の住む「リトルイ

ベルリンのリトルイスタンブールと呼ばれているノイケルン地区のマーケット　2018年（写真・筆者）

スタンブール」と呼ばれるノイケルン地区を訪問した。人口３６０万人のベルリンでトルコ系の移民は約25万人を占める。

　ノイケルン地区は人口約32・２万人のうち13・５万人（42・１％）が移民の背景を持ち、そのうちトルコ系は３・７万人、アラブ系が２・８万人、ポーランド系１・４万人となっている。

　午後のノイケルンの街を散策すると、中東出身を思わせる人が大半で、他の市街よりもゴミなど汚れが目立つ。しかし、建物自体はドイツのどこにでもあるもので、トルコ風の建築物が並んでいるわけではない。街を歩いても治安の悪さは感じない。

数百メートルに及ぶ屋外マーケットでは、一般の生活用品から食料品、トルコから輸入した雑貨などが並んでいる。中東系の人びとの中に白人の姿も目につく。東京のアメ横のような雑然とした中での活気を感じて、居心地は悪くはなかった。

しかし、統計上ではノイケルン地区は移民の街であるとともに貧困の街でもある。2013年の失業率は18％と高く、公的支援を受ける区民は9・2万人と30％近くにも達する。そして受給者の約70％が移民の背景を持つ人びとだという。

現地の移民統合担当官によれば、若者の失業率が高く25歳の青年の45％が失業給付を受け、またこの地区に居住する少年犯罪者200人ほどが深刻な問題を引き起こしている。担当官は移民の親自身が教育をほとんど受けておらず、ドイツ語も話さないケースが多く、子どもに適切な教育を行うことの必要性を感じていないケースも多いと指摘する。21

移民とは「ムスリム」のこと

ヨーロッパでの移民についての会議に参加した際、現地のNGOの女性スタッフが力説したのは「ヨーロッパで皆が気にする移民はムスリムだけであり、それ以外の外国人はほぼ問題はない」ということだった。

西ヨーロッパ内での人の移動は歴史的に繰り返されており、またEUが創設されて以来、EU内では国境を意識することなく自由に移動し、住み、働くことができる。

近年、EUに東ヨーロッパも加わるようになった。その結果、より高い賃金を求めて東ヨーロッパの労働者が西ヨーロッパへ移動することによって一部問題が発生しているとはいえ、深刻な移民問題とは考えられていない。

またアジアからの移民も増えてはいるものの、彼らの多くはヨーロッパ社会に溶け込んで暮らしている。また犯罪に手を染めることもまれで社会問題としてとらえられる事態にはなっていない。

NGOのスタッフ曰《いわ》く、「他の外国人は入国初期に多少のトラブルはあってもそれは長く続かない。通常の受入れの支援があれば落ち着いて暮らしていくようになる。しかし、ムスリムは言葉を覚えず、また社会のルールに従わせるのに苦労する」と言う。

これは彼女だけのムスリムに対する偏見ではなく、ヨーロッパ人に共通する見方だろう。中世の十字軍の歴史を持ち出すまでもなく、キリスト教社会とムスリム社会は数百年にわたる対立を繰り返してきた。現在、ヨーロッパは世俗化しているが、しかし生活のあらゆる面でキリスト教の影響は見られる。

たとえばドイツのカレンダーを見てみよう。

年や州によって異なるがドイツ大使館HPによると、国の年間祝日19日のうち、復活祭、キリスト昇天祭、聖霊降臨祭、クリスマスなどキリスト教にかかわるものが14日もある。また小学校1年生から高校まで選択制ではあるものの、カトリック、プロテスタントに分かれて学ぶ宗教の時間がある。[22] ドイツでも自国の文化とキリスト教は不可分であるとの考えが根強い。

戦後、日本は脱宗教化がなされ、一部風習として残されても宗教行事を政府主導で行うことはない。これは日本とヨーロッパが大きく違う点といえる。

ムスリムの子どもは宗教の授業を受けることを強要はされないものの、キリスト教と不可分なヨーロッパ社会の中で違和感を持ち続けることは容易に想像できる。

ドイツ文化のアイデンティティの一部であるキリスト教に対して、もしムスリムがネガティブな見方をするのであれば、真の意味で理解し合うのは難しいと感じるかもしれない。

トルコ系の移民についてドイツでよく聞くのは、彼らは西側の基本的な価値観である人権や平等についての理解が不十分なところがあり、それがドイツ社会の中で問題を引き起こすもとになっているという考えだ。

しかし、こうした対立を前提とする考えは徐々に変わりつつあるのかもしれない。2021年のドイツ総選挙では、議員の3人に1人が40歳以下に若返りした。その中にはムスリム系の青年議員もいる。11歳のときにドイツに移住したイラク出身のアル・ハラク氏が31歳で当選している。常に時代は動いておりドイツ社会も変化している。

ドイツ、移民政策へ舵を切る

ではドイツは移民受入れに失敗したのだろうか、それとも成功したのか？

ムスリムという日本にない難題を抱えながら、それでも大きな前進を果たしてきた。その象徴が2004年の「移民法」の成立だ。ドイツは経済発展による労働者不足に陥るとともに、人口減少を経験したことで移民政策へ舵を切った。移民ジレンマからの脱出に成功したと言える。

ドイツも日本同様、移民問題は長らく避け続けられてきた。トルコ系労働者を受入れ、彼らの定住化が進んでいっても、当初の一時的な労働者受入れの認識を変えようとしなかった。そうした中でトルコ系労働者は家族を呼び寄せ、ドイツ生まれの移民二世、さらに三世が増え続けていった。

その事実に気が付きながらも、一時的な滞在者であるとの認識が変わらなかったのは、ドイツが移民受入れ国、「移民国家」であると認めたくなかったからだ。

ここで注意が必要だ。「移民国家」といっても二種類ある。

一つはアメリカ、カナダ、オーストラリアのように国の成り立ちが移民そのものによっている移民国家であり、もう一つは徐々に移民が増加したケースだ。ドイツは明らかに後者ではあるものの、増加する移民の現実を直視しなかった、あるいはできなかった。それは、移民という存在をドイツ人、ドイツ国家としてどう位置付けるかについて明確な方向性がなかったし、あるいは位置付けたくなかったからではないだろうか。

ドイツ人は当然のことながらドイツの伝統、文化に誇りを持っている。ドイツには他のヨーロッパ諸国とは異なる明確なドイツ文化が存在する。その一方、EU内では人の自由な移動、居住が可能となり、他のヨーロッパ、とりわけ西ヨーロッパ出身者に対して異邦人としての認識はほぼないといってよい。ドイツ人がイギリス人やフランス人をことさら移民と認識することはない。

一方、移民と認識されるのはヨーロッパ域外の異なる歴史、文化、宗教、言語を持つ人びとだ。そうした人びとに対してヨーロッパ人と異なる認識を持つのは当然だ。また彼らが自国の一員になることについて心理的な抵抗は大きかったといえるし、なくなったわけでもない。歴史的、文化的、地理的に近いヨーロッパ人は同胞に近い存在として受入れができても、非ヨーロッパ人に対してどう考えるか、という問題といえる。

ではドイツでの移民ジレンマはどう克服されたのか？　ドイツとして一過性の労働者ではなく、移民として認識する方向転換はどのように起こったのだろうか？

「移民法」とは

2004年の本格的な移民政策への転換の以前に、何度もさまざまな小改革は行われていた。

2000年の国籍法の改正では、従来通りの血統主義を前提としながらも、一定の条件下で出生地主義が採用され、ドイツで生まれた外国籍の子どもにドイツ国籍が付与されることになった。またドイツに長期滞在している外国人の国籍の取得資格を得る年限が15年から8年に短縮された。

そうした積み重ねの集大成として、移民法はドイツ議会で2004年に全会一致で可決され、2005年1月1日に「移民法」（Zuwanderungsgesetz）が発効した。それまでの外国人法に代わって、「滞在法」(Aufenthaltsgesetz)が制定された。滞在法は移民法の中核的な部分を成す。

この結果、高度人材や学生の滞在が容易になり、外国人がドイツに滞在したり、就労したりする際の規則が簡素化された。また学者や一定年収以上の専門家や特別な職業経験を持つ管理職の外国人に対して、彼らの家族にも就業の権利を与えた。またドイツ経済に貢献する自営業者の受入れの緩和も行われた。卒業した留学生には求職活動のため、卒業後1年間の滞在許可が与えられた。

一方、治安対策も付け加えられた。危険人物の入国制限や強制退去に対応できる策により、査証の発給前の治安当局のデータバンクでの調査や、危険人物に対する退去強制令も導入された。

さらに極めて重要な政策が新たに導入された。それが「統合政策」だ。統合政策とは外国人がドイツ社会に適合し、活躍できるためのドイツ語教育やドイツ文化などの学習を政府主導で行う政策を指す。

統合政策では、滞在法第43条の規定で語学及びオリエンテーションコースが設けられた。ドイツ在住の外国人に対してドイツ語教育が義務化され、また西欧民主主義国に共通する価値観に従うことを求めた。たとえば、子どもを学校に通わせること、人権原則に反する社会生活は認めないとした。

ドイツ社会への適合と法令遵守を求める一方で、外国人の自国文化は尊重するという姿勢が示された。つまり、外国人の持つ文化を捨て去り、ドイツ文化一色になることを求める同化ではなく、自国文化を維持することを認めながら、ドイツ社会の規範をしっかりと守ることを求めるのがドイツの統合政策だ。

ドイツ語学習の義務化

ドイツ語の習得の中身は何か。ドイツ語を習得していない外国人には600時間に及ぶドイツ語学習が義務づけられ、修了者には中級レベルに匹敵するB1レベルの能力が求められるようになった。またドイツの文化、社会を理解するためのオリエンテーションとして当初、30時間の学習が定められた。

ドイツ社会の民主主義の理念や生活の知識を深めるためのオリエンテーションは、時間がさらに追加され2017年に100時間にまで延びた。全国に外国人がドイツ語を学ぶための教室が政府予算によって張り巡らされ、その受講料の大半は国家が負担する制度となった。[23]

これを受けないと在留資格の更新で不利な扱いを受けることになり、在留外国人は半ば強制的にドイツ語学習に勤《いそ》しむことになる。

統合コースは全日コースで25週となり、参加できない場合には、夜間のコースや一週間最低5時間というコースなど、さまざまなドイツ語学習を行う場所が全国に整備され、外国人は一斉にそうした教室に通うことになった。

きっかけはグリーンカード制

移民法の議論は、実は正面から移民法の必要性を論じようとして始まったのではない。

きっかけは2000年のシュレーダー首相による「グリーンカード」発行提案についてだった。グリーンカード制とは、ドイツで不足しているIT分野の外国人専門家の入国と滞在許可の緩和を目指すものだった。ドイツとして必要な高度人材の受入れのみを想定していたが、これまで不十分だった国内に在留するトルコ系住民への対応、さらに高度人材以外の人びととの受入れのあり方、移民政策として本格的な議論へと発展していった。

移民法の策定の発端となったグリーンカード制とはどのようなものか。

グリーンカード制は、社会民主党（SPD）、緑の党の連立政権であったシュレーダー首相の下で提示された。2000年2月シュレーダー首相は通信情報技術の見本市でIT人材不足に触れ、今後、EU以外から一定期間、IT技術者を受入れる「グリーンカード」制度を創設する方針を示した。

当時、ドイツではIT技術者は不足していたものの、国内に400万人に及ぶ失業者を抱えていたため議論は紛糾した。しかし、新制度を争点とする地方選挙で勝利した与党は2000年8月から制度を開始した。ところが当初、最大2万人の目標が立てられていたものの、期間を延長しても外国人の技術者数は伸びず7割程度にとどまった。

当初のグリーンカード制は、外国からの高資格者をドイツで雇用する際の規定を巡る議論だったが、次第に外国人受入れ全般に関する問題も加わった。たとえば、トルコ系住民をはじめ、ドイツに滞在する外国人の統合に関する規定がなく、ドイツ社会への統合が不十分であり、社会政策上の大問題として政党の違いを超えて関心が高まるようになった。[24]

移民委員会を発足

グリーンカード制度の議論と並行して始まったのがシリー連邦内相の提案による独立の

「移民委員会」の設置だ。

リタ・ジュースムート元連邦議会議長が委員会の委員長として選任された。ジュースムート氏は野党のキリスト教民主同盟（CDU）出身であり、与野党の壁を超えて超党派での議論が進められることになった。

移民委員会には学者、専門家、商工会議所、労働組合、自治体連盟代表、NGOが参加し、議論が重ねられた。そして移民委員会による画期的な内容の「移民を形作り、統合を促進する」との報告書が2001年7月にまとめられた。

この報告書の冒頭には「ドイツは移民を必要としている。ドイツへの移民をコントロールし、移住した人びとを統合することは今後数十年の最も重要な政治課題になるだろう」とある。

この報告書では極めて重要な認識が記されている。一つはドイツが以前から移民受入れ国であったという確認であり、移民はドイツ国民によって受入れられなければならず、また移民はドイツの社会的、文化的システムに適合しなければならないという方針だ。さらに移民法の必要性に言及し、ドイツでだれが一時的に働き、だれが長期的に滞在するかを定めなければならないとしている。

さらに報告書では受入れる移民を具体的に六つのカテゴリーに分けている。ドイツで就労を望む人には、まず、教育水準、職業資格、家族関係、年齢、ドイツ語能力を点数化して、そのポイントに応じて一定枠を設けて受入れる。第二は起業家で、事業性の高い起業家は人数枠を設けず永住を前提に受入れる。三番目は留学生で人数枠を設けず、課程修了後には滞在期間を定めて就労を認める。

さらにドイツ側の労働力不足を補う点で、四番目として人数の枠を設けて職種が定められ滞在期間を5年に限定して受入れるもの、五番目にはドイツで職業訓練を受ける研修生について、評価制度に基づき永住を含む滞在の道を開く。最後の六番目は、経済・学術の面で優れた人材で年収を基準として永住を認めるというものだった。その他、統合政策としてのドイツ語教育の実施、家族の呼び寄せや、連邦難民認定庁を改組して連邦移民・難民庁の新設などが盛り込まれた。[25]

この報告書について、移民導入に対して積極的な経済界、労働組合、教会から一様に歓迎の声が上がった。しかし、当時、国内で大量の失業者を抱えていたドイツでは、新たに移民を受入れることでドイツ人労働者の利益が損なわれることとの懸念や、移民を制御すべきとの意見も根強かった。

この報告書をもとに、政府による法案が連邦議会と連邦参議院で議論されることになる。

連邦議会での議論紛糾

ドイツ政府は8月に報告書に基づく法案を発表したが、下院である連邦議会はSPD（社会民主党）と緑の党が多数を占めていたものの、当時、野党であったCDU（キリスト教民主同盟）は外国人の流入を拡張するものとして法案に反対した。また連邦参議院では与党のSPD・緑の党の連立政権は少数派のため、法案の成立が極めて難しい状態にあった。ドイツの社会のあり方を変える重要な法案として社会の注目を集め、政党間でさまざまな議論、駆け引きが行われた。

与野党の激しい対立の中で、日本流の「足して2で割る」がドイツの国会でも行われたことは興味深い。それはドイツに同伴あるいは呼び寄せる外国人の子どもの年齢制限を政府は当初14歳としていた。流入の制限を求めるCDUは10歳に引き下げることを主張し、途中経過の議論では中間の12歳で決着した。このようにさまざまな点で妥協が図られたものの、結局、与野党の対立は決着がつかなかった。野党反対の中で2002年3月に採決にかけられ可決の後、法案は連邦参議院に移った。

連邦参議院は各州の代表による投票となるが、ここでも議論が紛糾した。ブランデンブルク州内では意見が統一されず、採決の際、それを連邦参議院議長は同州の票を無効とせず賛成票と扱うとして移民法が可決された。しかし、この決定に対して異論が噴出し、ついには六つの州政府がこの決定を連邦憲法裁判所に無効と訴える異常事態となった。その結果、２００２年12月には違憲とする判決が下った。

さまざまな妥協を図った末の法案だったが結局、挫折する結果となった。

しかし、ここでドイツの議会は粘り腰を見せる。さらなる与野党の妥協に向けての議論が廃案後も進められた。連立与党の姿勢は柔軟になり、与党が計画していたポイント制に基づく技能労働者の受入れの削除が決められた。計画では職場の確保の証明がなくとも、高ポイントを得た人材には滞在・労働許可を与えるというものだったが、外国人労働者の増加がドイツ人の職を奪うリスクがあるとの野党からの強い反対に応えた。

トップクラスの専門家と投資家には労働市場への参入を認めるとともに、中位程度の労働者にはあらかじめ職場が確定していることと、ドイツ人あるいはEU加盟国の労働者では補えない仕事をすることを条件として決着した。呼び寄せが許される子どもの年齢の上限は最終的に16歳で決着した。さらに議論の最中にスペインで発生したテロ事件を受けて、外国人の国外撤去を容易に実施できることも加えられた。

挫折を乗り越えて可決へ

2004年5月、シュレーダー首相と野党CDUのメルケル党首らによるトップ会談が開かれ、共同法案についての合意がようやくなされた。議論の開始から4年が経過していた。

共同修正案が固まった6月、SPD与党議員団は声明を発表した。「問題はドイツへの移民を認めるかどうかではなく、我々が移民をどのように積極的に形作り制御するかにある」とし「我々の移民法は重要でバランスのとれた改革の作品である」と述べている。こうして政府が用意した新法案は7月に可決され、2005年1月から施行されることになった。[26]

移民法の成立によって、外国人の受入れから国内統合のプロセスまでの流れが整理された。受入れでは短期の「滞在許可」と、期限を定めない「居住許可」の二つに大分類され、これらの認可業務は連邦移民・難民庁が行うことになった。また移民としてトルコ系住民らが認知され、移民への統合政策が確立された。

ドイツの移民法の成立はこのような紆余曲折を伴った。この理由についてドイツの歴史、移民問題の専門家である近藤潤三愛知教育大学名誉教授は、「ドイツの将来を、移民を受入れないドイツ人だけの国として描くのか、それとも移民を受入れ彼らが持ち込む文化を尊重する多文化社会として設計するのか」であり、ドイツを担う国民の枠をどこまで広げることが可能か「ナショナル・アイデンティティの定義づけが問われていたからだ」と言う。

これは終わりのない改革

2004年の移民法は、ドイツにとって正式に移民受入れを行うことを表明する意味で画期的なものだったが、それで終わりではない。国内の労働状況やEUの政策等の変化に合わせて頻繁にその後も新たな政策が打ち出されている。

外国人の増加に伴い、2010年の国勢調査から「移民の背景を持つ」という新しい概念の統計がとられることになった。国籍法改正でドイツ国籍を取得する移民が増え、ドイツ国籍と外国籍の二つの区別で移民を把握することが、実態にそぐわない状態が生まれていた。

2年後の2012年の国勢調査の際には、ドイツの外国籍人口は9・0%、移民の背景を持つドイツ国籍の住民は11・0%と、全人口の20・0%が移民あるいは移民の背景を持つことが明らかになった。[27]

また重要な政策として、2011年に生まれた職業資格認定制度がある。これはEU域外からの外国人の職業資格を、ドイツの国内資格と比較の上で、足らない部分を研修等で補えばドイツの職業資格と同等と認める制度であり、母国でやってきた専門職業にドイツ国内でも専門性を活かした職に就けるよう促進するものだ。それ以外にも不足している介護士についてインドネシア、ベトナム、インド、チュニジアからドイツ語研修受講の上での積極的な受入れを行っている。

その1年後の2012年には、ブルーカード制が実施された。ブルーカード制はEU以外の地域出身の大卒者に、滞在、就労、家族帯同を認め、2013年には人材が不足する産業分野での実業高校等の卒業資格を持つ外国人の就労を認めている。外国人の受入れと統合政策はドイツ国内、そして世界の情勢の変化に応じて適宜、変更が求められるものであり、その意味で終わりのないプロセスが始まったと理解すべきだろう。

「多文化主義は失敗」メルケル発言

一方、メルケル首相のドイツにおける多文化主義に向けた試みについて「完全なる失敗」とする彼女の発言が、大きな反響を呼んだことがある。これは2010年10月16日、ポツダムでのCDUの青年部で講演をしたときの発言だ。実はメルケル首相は2004年にも同趣旨の発言をしている。

2010年の発言の際に「私たちの社会に参画する者は、法を遵守するだけではなく、言語の習得も必須である」[28]と述べ、ドイツ社会への移民の統合をさらに促す必要性を提起した。つまり、移民政策は失敗したから止めるというのではなく、さらなる統合政策の充実を求めての発言だった。そうしたメルケル首相の姿勢が2015年の難民危機においても、ドイツ政府の積極的な難民受入れに結びついている。

これまでのドイツでの移民政策の過程を整理したのが（図10）だ。

第二次世界大戦後、多くのドイツ帰還者の帰国から始まり、経済復興と共にトルコ系移民らの定住が1950年代から始まる。1990年の東西ドイツ統合を経て、増え続ける移民に対して政府が2001年から議論を開始した移民法が2004年に成立する。

図10　ドイツの移民受け入れ変遷図

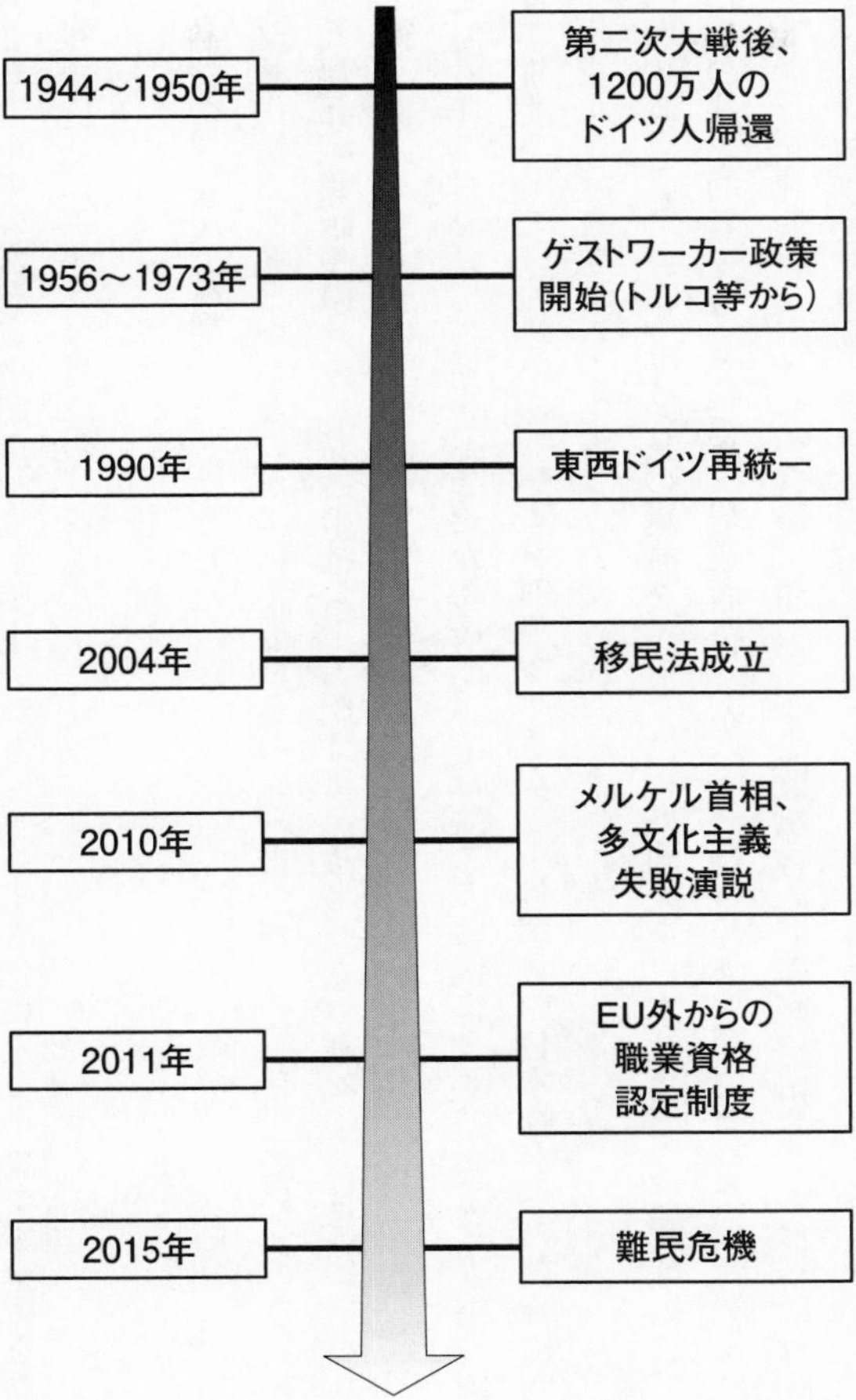

1944〜1950年
第二次大戦後、1200万人のドイツ人帰還
1956〜1973年
ゲストワーカー政策開始（トルコ等から）
1990年
東西ドイツ再統一
2004年
移民法成立
2010年
メルケル首相、多文化主義失敗演説
2011年
EU外からの職業資格認定制度
2015年
難民危機

その後、EU外からの外国人労働者に対して、母国で持つ職業資格をドイツ国内で活用できる2011年の職業資格認定制度が制定される。2015年にはヨーロッパ全体を巻き込む難民危機にドイツは見舞われる。

移民を迎える日本への教訓

ドイツ移民法の原案となったのが「移民委員会の報告書」だ。その移民委員会の委員長である元連邦議会議長のリタ・ジュースムート氏は移民法の成立の翌々年、日本に招かれ講演を行っている。

2006年3月9日、外務省と国際移住機関（IOM）の共催によって東京・青山の国連大学で開催された「外国人問題にどう対処すべきか――外国人の日本社会への統合に向けての模索――」と題するシンポジウムがそれだ。

この時のジュースムート元議長の講演タイトルは「外国人を日本社会の中に受け入れていくための基本的考え方：『統合』か、『同化』か、『共存・共生』か」だった。元議長は移民ジレンマを克服したドイツの経験について、失敗を含めて率直に紹介し、日本に対してさまざまな助言を行っている。

以下、その発言を紹介する。

(1) ムスリムそのものが問題ではない

ドイツでは戦後の復興期、1956年から73年まで、多くの未熟練労働者、単純労働者を受入れた。しかし、トルコから労働者を受入れたことそのものは誤りではなかった。

問題は「(トルコ語の)文字の読み書きさえできない人たち」を大量に受け入れすぎてしまったことだった。つまり、母国で基礎教育を受けないまま大人になった人びとに対して、ドイツでゼロから教育を行った上で、社会に統合していくことは極めて難しく、結果として彼らの失業率は高く、失業者の一番大きなパーセンテージを占める結果となった。元議長はムスリム自体を問題視せず「熟練していない、文字の読み書きができない人たちを求めた」ことが、問題の根底にあると言う。

(2) 移民議論を避けてきたドイツの反省

元議長は「何年間もの間、私たちは移民受け入れ国ではないのだというふりをしてきました」と率直に述べている。

トルコ系労働者の定住化が進んでいたのに、それをドイツ人は厄介な問題として事実から目を背けていた。「私たちも皆様（日本）と同じような状況にあります。少子高齢化社会です。政治的な意思決定の失敗から、私たちは、自分たちの目の前の状況を恐れながらも、それに対処することをなんとか遅らせようと先のばしにしてしまっているのです。重要な転機を迎えるにもかかわらず、先のことを、今から考えなくてもいいのではないかという理屈を言う人もいるのです」

「課題は多いですが、（移民から）私たちに欠けている姿勢、考え方、価値観、それらを学ぶことができるかもしれないという期待もあります。と同時に、私たちは今までどこを辿《たど》ってきたのか、そして今何を守りぬこうとしているのかを明快にする必要があります。そして、社会のまとまりを作り上げていかなくてはなりません」

（3）統合の真の意味

「私たちの社会は、どれ一つとして単一文化のものではありません。ですから、外国人の皆さんと一緒に、私たちがどうしても捨て去ることができない価値とは何なのか、それを徹底的に議論することも必要です」
「男女平等、言論の自由、人権、その他にも重要な価値、権利があります。社会のまとまりというのは、私たちが我が国に来ている移民の文化を尊重し、また、彼らが居を構えているこの社会の文化を尊重する時において成り立つのです」

必要なのは統合政策だと強調する。これはメルケル首相の2010年の演説と呼応する。元議長によれば、統合とは、彼らが「社会の一員だと帰属意識を持つこと」であり、ドイツとして彼らに対して歓迎していることを最初に伝えなければならない。「移民自身がドイツ社会の一員だという実感を持てること」こそが統合であり、そして彼らが社会で活躍するための手段として、移民へのドイツ語の教育や職業訓練などが政府によって実施されることが肝要となる。

しかしそれは、移民はドイツ語を学び、ドイツの文化に同化すればよい、という考えとは異なる。ドイツの文化と移民が新たにもたらす文化について、議論し、お互いが尊重することで社会のまとまりが生まれ、意識の共有となることが重要と指摘する。

移民のための政策というだけではなく、移民と共に取り組む政策として考えるべきと言う。ドイツでは統合のためのプログラムを実施する際、NGOや雇用主、労働組合、さらにスポーツや音楽等の同好会、さらに財団も大きな役割を果たした。また統合のためのプログラムは幼稚園の年少の段階から始められており、早期に取り組むほうが後になって取り組むよりもはるかに効果があったという。

（4）相互のプロセス

先進的な取り組みをしていると感じるドイツだが、元議長は問題点も指摘する。

一つはドイツには、多文化的、マルチカルチャーという考え方、共に異なった文化が共存しているという考え方が根付いていない。ほとんどのドイツ人は、相手の文化のことを何も知らない。

移民にドイツの歴史について学習する機会を提供するだけではなく、「私たちがイスラムの文化について学ぶことも必要なのです。学習のプロセスにおいてはグローバルな取り組みが必要です」。

外国人の高い犯罪率についても指摘する。移民は仕事の口がない時、先の展望が見えない時、麻薬に手を出したり、暴力事件を起こしてしまうこともある。しかし「テロがあるから、犯罪があるから、これ以上、移民を受入れない」との主張は正しくない。

その主張は「私たちは、自分たちの社会の移民たちに対してお手上げだと言っているのと同じで、むなしさを感じるだけです」と断じる。必要なのは統合を進めることであり、共に暮らし一緒に考えていくことで、はるかに良い解決策が見つかると講演を結んでいる。

本章ではドイツがいかに移民ジレンマから脱したかを見てきた。元議長の日本への助言に対して、日本の現状はどうなのか？　最終章では日本の現状と課題、これからの方向を考えてみたい。

最終章

移民と共生するニッポン

すでに始まっている移民政策

日本における在留外国人の窮状を述べ、また政府の政策の遅れを指摘してきたが、実は静かな大転換はすでに始まっている。

ほぼゼロからの出発のため、初期値が低いので目に見えた効果が表れるには時間はかかるが、政府の移民政策はすでに開始されているのである。

政府は「移民」という言葉を使わず外国人の「生活者」という言葉に置き換えて、定住を想定した外国人の受入れ態勢を急ピッチで進めているのである。

2018年末に国会で「特定技能」の在留資格の創設が可決されたが、同時に「出入国在留管理庁」が設置された。同庁では外国人の在留管理を行うと同時に、外国人在留支援センターを設置するなど、自治体と協力して在留外国人の支援体制を強化しつつある。

さらに重要なのは「外国人材の受入れ・共生のための総合的対応策」である。政府の在留外国人の支援のための政策、事業を取りまとめたものだが、毎年、改訂され、令和4(2022)年の改訂版では日本語教育、外国人への情報提供、共生社会の基盤整備など218の施策が各省庁で実施されている。これらの政策、事業は国際基準で見れば総合政策であり移民政策に他ならない。

さらに2022年6月には「外国人との共生社会の実現に向けたロードマップ」が閣議決定された。このロードマップでは、「政府において、我が国の目指すべき共生社会のビジョン」を示すとされ、その実現に向けて、令和8（2026）年度までを対象期間として、政府一丸となって外国人との共生社会の実現に向けた環境整備を一層推進するとしている。これらを見ればすでに実質的な移民受入れの舵は切り変えられたと見てよい。

つまり、政府は実質的な移民政策を開始しているのである。ところが、このような重要な政策変更にもかかわらず、メディアを通じて総理がその表明をしたことはない。ということは国民の意識を喚起することなく、「ステルス（隠密）移民政策」がすでに始まっているのである。

では、ステルスであろうが実質的に移民政策が開始されているとすれば、今後は移民受入れについて心配することはないのだろうか。

たしかに政府の方針は、定住を前提とした外国人受入れへと変わったのは事実であり、重要な一歩と言える。しかし、メディアで表明しないのでは、国民の意識は変わらず、海外の日本を見る眼も変わらない。

この議論を進める前に、まず在留外国人の現状の把握をしておこう。

30年間の移民政策空白

2022年末の在留外国人数は307万5213人と、前年末に比べ31万4578人も急増した。一年間で一挙に30万人以上である。これはコロナ禍で入国できなかった多くの外国人が一斉に入国したことにもよるが、多くの企業にとって人手不足が深刻化していたことの例証である。

在留外国人数の増減はコロナ禍だけではなく、過去にはリーマンショックなどの経済状況によって変動する傾向があった。しかし、労働力不足が恒常化する日本で、今後、外国人へのニーズが減少することはないだろう。

外国人の定住化が進む一方で、日本の現状は「選ばれる国」から程遠いものとなっている。在留外国人の増加が続いていたにもかかわらず、彼らが日本に定住化するための前提となる政策が長らくとられてこなかったからである。

平成の30年間に在留外国人の数は平成元（1989）年の98万人から、平成30（2018）年には約3倍の273万人まで増加したものの（図11）、政府の政策はほぼ何も変わらなかったのである。在留外国人数は単に人数が増加しただけではなく、図11の通り、国籍が極めて多様化した。平成元年には在留外国人の国籍の7割近くを韓国・朝鮮が占めていたがその大半が在日コリアンであり、それ以外の外国人の数は極めて限られていた。しかし、平成の30年間に在留外国人の国籍は多様化し、また近年もベトナム、ネパール人の急増などその変化は著しい。つまり、平成時代に多国籍の在留外国人が200万人近く増え、国籍も多様化したにもかかわらず、政府の政策空白が、最近まで続いていたのである。

平成の間、政府は、在留外国人はあくまでも一時的な滞在者との姿勢を貫いた。その結果、表面的には在留外国人による犯罪の急増などの大きな社会問題は起こっていないものの、在留外国人の日本での生活には深刻な問題が積み重なっている。

一例を挙げれば、外国人の派遣・請負、非正規労働への定着、外国人への日本語教育の欠如、外国籍子弟のための教育の不備、などの課題である。これらの問題は互いに関連している。外国人が正規労働に就けないのは、日本語の能力が低いためである。また低賃金の非正規労働に就く親から生まれる子どもに対しても、政府の教育支援は限定的だった。つまり、彼らを一過性の滞在者としての認識しか持たなかったために、在留外国人の世代

図11　平成30年間（1989～2018年）の在留外国人の総数及び国籍の変化

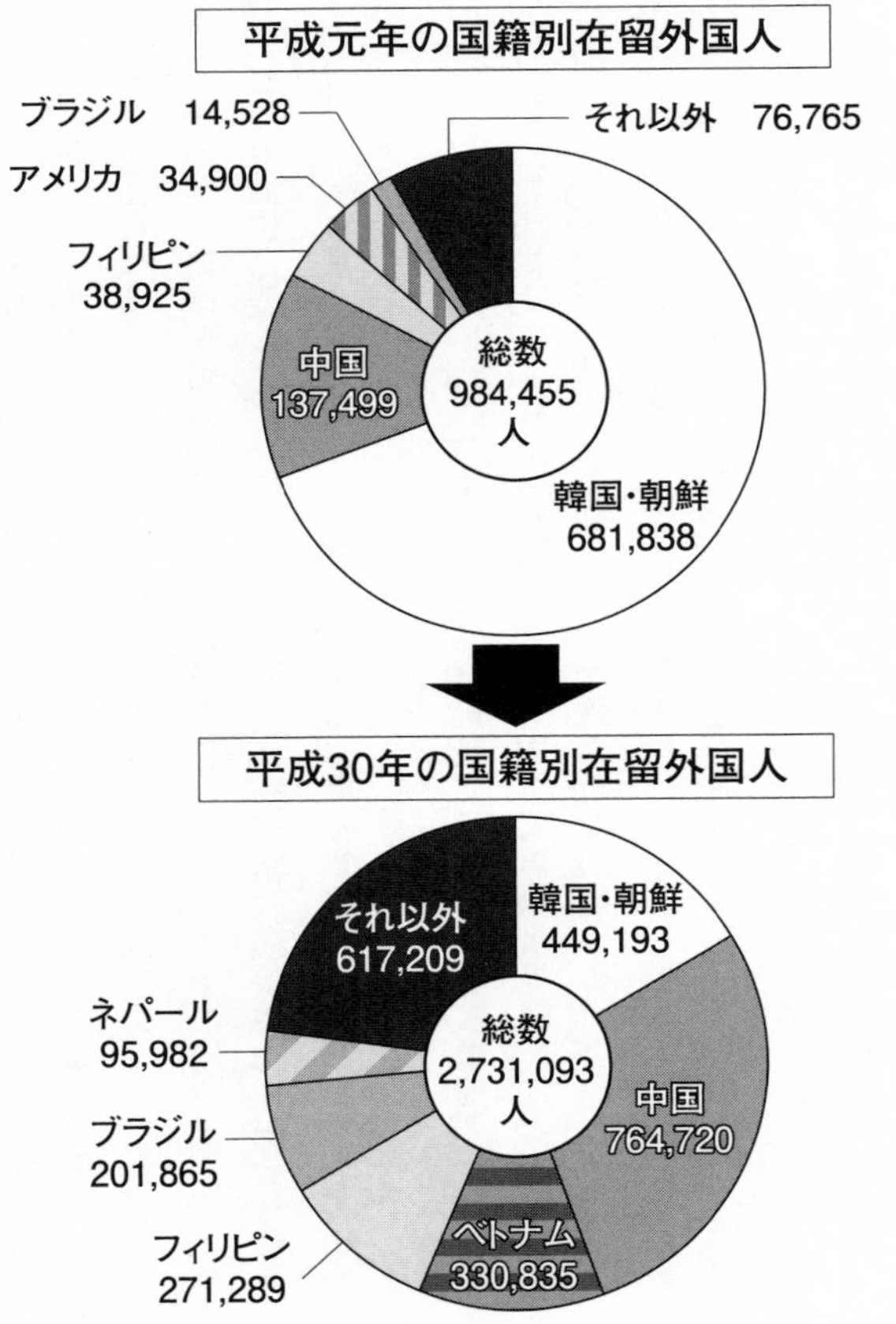

国立社会保障・人口問題研究所ー人口統計資料集（2018年）

を越えた貧困の連鎖が、日本ではすでに始まってしまっているのである。

分断される社会の兆候

ヨーロッパで移民を受入れることから生まれた問題に「並行社会」と呼ばれる現象があることを述べた。これは移民が閉鎖的なコミュニティを形成し、受け入れ側の社会とつながりを持とうとしないため、両者の間に大きな溝ができた状況を指す。

日本人もアメリカ社会で「リトル東京」を形成したように、同国人同士が移住先でコミュニティを作ることは自然なことと言える。しかし、そのコミュニティの中だけで生活し、受け入れ側との交流が断絶されてしまうような並行社会の出現は将来、社会の分断化として大きな問題となる可能性が高い。

日系南米人は一時的な労働者として日本に入国したが、彼らの多くは日本を定住の場所として家族を形成した。しかし、日本社会は彼らを一時的な滞在者とみなし、彼らへの日本語教育等を政府は行わなかった。

その結果、日本語が身につかないまま大人になってしまった日系人青年も多く、その結果、安定した職業に就けなかったため、親子にわたって日本社会から受入れられたと感じていない人たちも多い。

二世世代においては日本の学校教育についていけず、ブラジル人学校に通うケースや不登校になるケースもある。日本には40近いブラジル人学校があると言われるが、これは二世世代が日本の教育システムから落ちこぼれ、あるいは日本社会への適合に背を向けている結果とも考えられる。

さらに問題なのは、日系ブラジル人の子どもたちの多くは日本語もポルトガル語も不十分な「ダブルリミテッド」と呼ばれる状況に陥っている。彼らは日本にもブラジルにも安定して暮らせ、働ける場所がないまま成人になってしまっている。

それは学校卒業後の進路にも直接的な影響を与える。日本語能力の不足、また日本語での学力が十分についていないため、就職時には両親と同じ派遣・請負での工場労働に就くケースも多い。日本語能力の欠如に起因する「非正規雇用トラップ」とでもいうべき状況から抜け出せずにいる。こうした日本での経験によって日本社会に背を向け、自分たちだけのコミュニティを形成してポルトガル語のみで生活する人たちも生まれている。

外国人を受入れた後、積み残してきた日系南米人との分断状況を早急に改善し、彼らの日本語能力をホワイトカラーの職に就ける程度にまで高めると共に、10年あるいは15年先には、子どもたちの学力を一般の日本人並みになるように明確な目標を置いて取り組まなければならない。

コロナ禍が暴いた在留外国人の労働問題

日本社会に包摂されてこなかった多くの在留外国人がいる状況の中で、2020年初からコロナ禍が日本を襲った。

コロナ禍によって在留外国人の数は2019年末の293万3137人から、20年末の288万7116人、21年末の276万635人へと減少した。しかし、外国人の入国が厳しく制限され、実質的に技能実習生や留学生の入国者がいなくなった時期においても、在留外国人数の減少は6%弱に留まった。

政府が帰国困難な外国人に対して、いち早く在留資格の延長や変更を打ち出したこともあるが、これは大多数の在留外国人がすでに日本に定住をしているという事実を浮かび上がらせた。

「外国人雇用状況」の届出状況（令和4〈2022〉年10月末現在）により、外国人労働者数を見てみよう。2022年10月末現在、182万2725人と前年比9万5504人増加し、2007年に届出が義務化されて以降、過去最高を更新した。外国人労働者の雇用が増加している事実はコロナ禍にあっても企業の彼らへの依存が減ることがなかったことが分かる。

産業別では「製造業」が26・6%、「サービス業（他に分類されないもの）」が16・2%、「卸売業、小売業」が13・1%となっている。

しかし、外国人労働者の日本での労働環境は決して安定したものとは言えない。むしろ、以前から指摘をされている「景気の調整弁」的な雇用がいまだ続いている。

それはこの届出のまとめでも明らかだ。労働者派遣・請負事業を行っている事業所に就労している外国人労働者は、35万383人と外国人労働者数全体の19・2%を占めており、日本全体の2・5%と比べて極めて高い。また賃金構造基本統計調査によれば、外国人の場合、勤続5年以上でも、非正規社員が36%を占め、日本人を含む全体16%の2倍以上となっている。

派遣・請負率と非正規雇用率の高さは外国人雇用の構造的な問題とも言える。日系南米人を例にとると、1990年の入管法の改正によって「定住者」の在留資格で来日が認められ、本来どのような職に就くこともできるが、30年以上たっても、日本語の能力の低さから派遣・請負労働から抜け出すことができない人びとが多い。

かねて問題が指摘される「技能実習制度」ではどうか。1993年に制度が創設され、30年余りが経過した。技能実習制度では外国人労働者が使い捨てにされる事案が数多く発生したが、日本の産業構造、とりわけ地方の零細産業、第一次、第二次産業が技能実習制度に依存する体制になってしまった。

雇用と解雇を繰り返す一過性の労働者として急場をしのぐのではなく、日本の青年労働者が減少する中で、本来は定着させ、中堅から幹部への道筋を開く想定での受入れが必要だったと言える。

その必要性の背景には高校新卒の就職者数の減少がある。2000年から2015年にかけて15年間で高校新卒就職者は22％、5万2798人減少した。一方、技能実習生は5万7653人増加しており、実質的に高卒新卒者の減少をカバーしている。

県別ではどうだろうか。2015年の技能実習生の増加と対高校新卒就職者比を県別で見ると、広島県では112・7％と高卒就職者数より技能実習生の増加が上回っている。同様に香川県では93・0％、岐阜県では89・0％と高率となっている。[29] 農業、製造業を含む、地域の地場産業が技能実習生なしには存続自体が危うい状況になるほど依存が高まっている。

2022年12月、政府は技能実習と特定技能の両制度の改正を議論する有識者会議の初会合を開いた。ようやく改革に着手したと言えるが、単なる労働面だけの問題を越えて解決すべき課題は大きい。

深刻化する困窮と日本語能力

コロナ禍で多くの在留外国人が職を失い、収入の減少に苦しんだ。中には食べ物がない、住む場所がないという状況にまで困窮した人びともいる。

日本の貧困問題全般に取り組む一般社団法人・反貧困ネットワークでは「新型コロナウイルス災害：緊急ささえあい基金」を市民から集めたが、結果的に、支援総額の3分の2が日本に暮らす外国人への給付となった。

また食べ物に事欠く人びとに食糧支援を行うNPOセカンドハーベスト・ジャパンでは、困窮者へのアウトリーチ活動で、結果的に日本人よりも外国人の割合が多くなった。これらの事例はコロナ禍でいかに多くの外国人が困窮状態に陥ったかを物語ると言えるだろう。

外国人が困難な状態に陥りやすい要因として、日本語能力の不足がある。外国人の間では、新型コロナ感染症についての情報が言語の問題、さらに日本の制度の理解不足から正しく伝わらず、外国人コミュニティでのクラスターの発生、ワクチン接種の遅れなどの問題が起こった。政府は在留外国人を含め「定額給付金」などコロナ禍の影響を受けた人びとに対する支援策を打ち出したが、そうした情報が十分に伝わらず、伝わった後も日本語での申請手続きで多くの外国人が申請できない状態が起こった。

さらに外国人の窮状を別の面から照らす興味深いデータがある。在留外国人の出生率である。通常、出生率の高い地域から移住した人びとは受入国である先進国よりも出生率が高く、世代が進むにつれて同水準へと下がっていく。

ところが、日本では外国人女性一人当たり合計特殊出生率は第一世代が多いにもかかわらず、2010年の時点で中国人0・87、フィリピン人1・46、タイ人1・04、ブラジル人1・27にとどまり、日本人よりも低い。[30] これは外国人女性をとりまく出産・育児環境の厳しさや国際結婚の不安定さ（高い離婚率）が影響していると考えられる。つまり、外国人の場合には、日本人と比べて、子どもを安心して産めるような安定した生活ができていないと想像される。

まず先行する日本語教育

この章の冒頭で、日本はすでに実質的な移民政策に踏み込んだと述べた。では政府内で外国人への支援の改善に取り組む、どんな動きがあるのだろうか。

外国人の、日本での生活の安定のために最も必要性が高いのが、日本語教育といえる。子どもだけではなく、大人にとっても日本語の読み書きを含めて能力を向上させることは重要であり、それがあって初めて、賃金の階段を上がっていくことが可能になる。

筆者の所属する文化庁文化審議会の一つである日本語教育小委員会では、現在の極めて低い外国人の日本語能力を先進国並みへ変える取り組みが始まっている。政策の中で、最も将来を見越して進み始めているのが日本語教育の分野といえるだろう。

筆者は、政府の日本語教育の政策に関わるメンバーとして、その変遷の一部を目の当たりにしてきた。

政府による外国人への日本語教育の政策は、2007年の文化庁文化審議会の中で日本語教育小委員会が発足したのに始まる。この小委員会が主導し、留学生や短期滞在者ではなく、「生活者としての外国人」に対する日本語教育の標準カリキュラム案が取りまとめられた。さらにヨーロッパの外国語学習システムにならい、「日本語教育の参照枠」が取りまとめられ、次いで日本語教師の国家資格化へ向けての歩みを進めている。それを後押ししたのが2019年に成立した「日本語教育推進法」であり、自治体と一体となって、現段階ではボランティア中心ではあるものの、全国に「地域日本語教室」を張り巡らす事業が積極的に展開されている。

2022年11月に、文化審議会国語分科会で承認された「地域における日本語教育の在り方について」の報告書案では、将来に向けた日本語教育の方向が明示されている。一つには都道府県、市町村のすべてに日本語教育の指針の策定を求めている。政府と共に自治体が外国人に対する日本語教育を行うことを位置付けるものだ。

さらにこの報告書では、外国人の日本語能力についての到達レベルが明示された。目標とするのは「日本語教育の参照枠」のBレベル（B1、B2）である。日本語教育の参照枠はA1（最初歩）からC2レベル（最高度）の6レベルがある。Bレベルとは「自立した言語使用者として日本語で意思疎通を図り生活ができるようになること」とされる。

日本語教育の参照枠とは、ヨーロッパの外国人の語学能力を図る基準に沿った新たな尺度で、日本語でどのような生活上の活動が可能かを自己判断できる仕組みである。

B1レベルとは、「仕事、学校、娯楽でふだん出合うような身近な話題について、共通語による話し方であれば、主要点を理解できる」とされる。たとえば、B1では「役所の窓口で自分の事情をある程度詳しく説明し、扶養控除や医療控除などの利用できる控除制度の概要を理解することができる」「携帯電話を扱う店の店員が提案する契約プランやオプションの特徴などについて、質問し、聞き返すこともあるが、ある程度詳細な情報を理解することができる」など、決して低いレベルではない。

この評価方法の利点は、日本語をまったく使わず、本人が自分の日本語能力の判定が10分程度でできてしまうことだ。たとえばA1であれば「駅などでタクシー乗り場、東口などの掲示や標識を見て、タクシー乗り場や出入り口を確認できるか」であるが、そうした質問に答えていくだけでレベルの判定が可能となる。

すでに文化庁では、オンライン上に日本語能力自己評価ツール「にほんご チェック!」として14言語で公開をしている。これが広く活用されれば、日本に住む外国人の現在の日本語レベルが一挙に把握できることになる。

ヨーロッパでは政府が移民に対しての語学学習を行う際、B1レベルが目標とされることが多く、それに沿ったものであり、B1レベルが達成できれば、ホワイトカラーも含むさまざまな職にも就け、経済的にもより安定した職業への可能性が高まることを意味する。現状の外国人の日本語能力を考えれば到達までの課題は大きいものの、B1という日本での活躍、定着を想定した日本語学習の目標が設定された意義は極めて大きい。

一方、日本語がまったくできないレベルで定住を想定した外国人を受入れることは、本人だけではなく、日本社会にとっても大きな負担となる。日本で生活する以上、一定レベルの日本語能力をすでに持つことを受入れの条件とすることも今後、必要となるだろう。

一方、ゲームチェンジャーとなる今後の動きも予想される。それはAI利用による翻訳、通訳のツールの飛躍的な発展と活用だ。そのうちイヤフォンマイク型の通訳器が開発されれば聞き取りも発声も同時通訳され、また文字も一瞬に読み取れる翻訳メガネなどができれば、日本語の壁は大きく改善されるのかもしれない。

二世教育に力を入れる重要性

増加するのは成人の外国人だけではない。すでに移民二世、三世ともいえる日本生まれ、あるいは海外から呼び寄せられた外国ルーツの子どもたちも増加し、その教育、就労の問題も顕在化している。2021年には日本語指導が必要な「外国につながりのある児童生徒」は5・8万人、10年間で1・8倍に増加している。しかし、現状では外国籍高校生全体の進学率（日立財団推定）は64％と、日本人と比べて極めて低くなっている。

従来、外国人は一時的な滞在者との想定によって、現実には定住している外国ルーツの子どもへの教育はないがしろにされる傾向があった。また外国籍の子どもは義務教育ではないことも彼らへの教育が進まない原因となっている。文科省はその課題を認識し、改善に努めているが、自治体のキャパシティに依存する部分が大きく、地域により取り組み体制に大きな差があるのは大問題と言える。

教育の重要性を考えれば、どこに住んでいても、最低水準以上の「ナショナルミニマム」の教育が受けられる必要がある。日本で定住を考える外国人にとって、子どもの日本での教育は極めて重要であり、彼らの子どもが日本人並みの教育を受けられない、あるいは日本社会からドロップアウトしてしまうリスクが高ければ、日本を生活の場に選ぶことはないだろう。

国籍や文化、在留資格が異なる子どもたちに対して、丁寧な対応、「誰一人取り残さない」対応ができるのはこの分野で経験を積んできたNPOである。教員の過重労働や自治体の職員の減少が続く現状では、この問題は公的なシステムだけでは解決できないだろう。

日本語が不自由な外国人への対応は、その経験の少ない自治体や教師にとっては大きな負担を感じることであり、結局は後回し、放置される結果ともなりかねない。とりわけ外国人の散住地域においては困難度の高い外国ルーツの青少年への教育、また増えつつある彼らの就労問題に対して、オンラインによる支援を含め、自治体と学校と支援経験の深いNPOとのパートナーシップは不可欠と言えるだろう。

外国人労働者の将来像

労働面では、遅れる政府の受入れ政策に代わり新たな動きが始まっている。国際協力機関であるJICA（国際協力機構）は、2020年に「責任ある外国人労働者受入れプラットフォーム」（JP－MIRAI）を立ち上げた。JP－MIRAIは、雇用主や受入れ団体が法令順守をはじめとした外国人労働者の責任を持った安定的な受入れの促進を目的として、外国人労働者の労働・生活環境を改善することで豊かで持続的な社会が生まれ、「世界の労働者から信頼され選ばれる・日本」となることを目指すとする。

すでに600を超える企業、団体、自治体等がメンバーとなり、会員企業、団体の取り組み支援だけではなく、外国人労働者への情報提供・現状把握、さらに外国人労働者の相談・救済窓口の設置も行っている。

この動きは、世界的に「ビジネスと人権」の意識が高まっていることと連動している。日本企業としても、その動きを無視できないこと、また関連企業、下請け企業などのサプライチェーン全体を含めての労働環境、人権への配慮が国際スタンダードになりつつある流れの中の動きともいえる。

ＪＰ－ＭＩＲＡＩは２０２２年12月９日の総会後のシンポジウムでは「外国人労働者のプロセス全体にわたる脆弱性を考える」がテーマだった。こうしたサプライチェーン全体にわたる包括的な視点から外国人労働者を考える視点は、これからの日本の経済界にとって極めて重要と言えよう。

ＪＩＣＡはＪＰ－ＭＩＲＡＩの取り組み以外に、２０２２年３月には「２０３０／40年の外国人との共生社会の実現に向けた取り組み調査・研究報告書」を発表している。

この報告書では、将来の外国人労働者の需給ギャップをシミュレーションしている。政府が想定するＧＤＰ１・24％成長を前提として、来日外国人労働者数を、送り出し国の将来の人口動態と経済水準、過去の入国者数のトレンドを考慮して推計した結果、初めて２０４０年には６７４万人の外国人労働者が必要と試算した。

外国人労働者が674万人とは、在留外国人数でいえば1000万人を超えることになる。現在、300万人強の在留外国人は、今後、20年内に700万人の増加が想定されることになる。なぜこれほど多くの外国人労働者が必要かと言えば、2040年の生産年齢人口（15〜64歳）は5978万人と予測されており、2020年よりも1400万人以上の減少が予測されるからだ。

試算とはいえ、日本がいかに外国人労働者に依存しなければならないかを示しており、この事実は広く社会に知られるべきことだろう。

魅力のはげた円安国

今後、外国人にとって日本は魅力のある国なのだろうか？　観光地としての魅力には定評があるが、2022年春から始まった円安は日本で働く外国人にとって大きなダメージとなる。

NHKは「『日本で働きたいですか？』円安で変化するアジアの若者たち」と題するネット記事を発表した。2022年11月14日のこの記事の中で筆者のコメントが掲載されている。

まずこの記事では、技能実習生として建設現場で働くベトナム人男性（40）のストーリーが展開されている。彼は円安によって以前に比べベトナムの通貨に換算した給与額は2〜3割も目減りしたため、少しでもお金をためようと、寮の周りの花壇に野菜を育てて生活費を切り詰めている。他のベトナム人も円安に直面して「こんなことなら来なかった」と話しており、受入れ企業は今後、ベトナム人が来なくなるのではという心配の声を伝えている。

一方、同じ記事で日本へ働きに行きたい若者が大勢いるというストーリーもある。軍部による政変が起こったミャンマーは海外からの制裁を受けた結果、ミャンマーの通貨・チャットの価値は大きく下がり、むしろ円高の結果になった。日本の斡旋団体に対して、応募した人数は、2021年2月のクーデター前と比べて6倍に達しているという。では日本は安心してよいのだろうか？

技能実習生はかつては中国人が最も多かった。中国の経済発展とともに所得も上がり、やがて技能実習生の中心は中国からベトナムに移った。円安を契機に、送り出し国はベトナムから、ミャンマーその他の国に移動していくことになる。

日本と送り出し国の経済地位の変化によって、より低開発の国へと送り出し国が移っていく。技能実習生で見れば中国から東南アジアへと移ったが、今後はさらに西へと移っていくだろう。

この変化は日本人にとって文化、習慣のギャップの大きな国から多くの外国人が入ってくることを意味する。日本社会との摩擦のより大きな人びとを今後、受入れざるを得ない時代が来る。その前に文化的なギャップの小さい東南アジアや日系南米人の受入れの課題は早急に解決しておく必要がある。

日本の人口減少を考えれば、単に数年間、働く外国人労働者を受入れるだけであってよいはずはない。日本の若者が減少する中で、外国人青年が日本語を学び、日本で定職に就き、定住し、活躍する人材へと育つことが必要といえる。

筆者はこの記事の中で「これまで日本側が人材を〝選ぶこと〟ができましたが、希望者が減り〝選べない〟事態になってくると、人材の質の低下が起きていきます。日本の高齢化と人口減少が止まらない中で、他の国ではなく日本に行きたいと思ってもらえるような受け入れ態勢を示し、できれば優秀な外国人材に定着してもらえるようにしなければなりません」と述べた。外国人の一層の活躍、定住化が進まなければ、日本社会の持続性そのものが危うくなるとの認識を持つべきだろう。

菅義偉前首相は、特定技能の創設に尽力しただけではなく、「選ばれる国」という重要なキーフレーズを残した。選ばれる国であるためには、働く場所、生活する国として、日本が他国よりも魅力がなければならない。日本としても、できるだけ優秀な人材、つまり基礎学力、職務能力の高い人材に来てもらう必要がある。なぜなら世界でも極めて難解な文字体系を持つ日本語を習得しなければ、単純労働から抜け出し収入レベルを上げていくことは難しい。母国で満足な教育を受けていない人材が日本で安定した生活を営むことは不可能なのだ。

当然のことだが、よい人材はよい企業には集まる。ブラック企業にはよい人材は集まらない。日本が働く場所、生活する場所として、彼らを使い捨てにするブラック国家であっては、他国から受入れを拒絶されたようなレベルの外国人労働者ばかりが集まることになる。そうなれば結果的に、社会の分断、治安の悪化にもつながりかねず、日本の未来は極めて厳しくなるだろう。

「生活者」として受入れる課題

日本にとり、今後必要なことは何だろうか。

まず第一に「ステルス移民政策」から脱却することだ。先に見たように日本はすでに実質的には移民政策に着手している。始めたばかりでまだ十分なレベルとはとても言えないが、着実に政策の深化が目指されている。

最初に政府のすべきことは、その事実を国内外に対して明確に伝えることだ。「外国人との共生」「生活者」といった遠回しの表現ではなく、外国人が社会の維持にとって今後、必要不可欠な存在であることを認め、彼らを支援する政策に着手している事実を明言する必要がある。つまり日本にとって定住し活躍する外国人、移民は歓迎されるべき存在である、とする発言をドイツ同様に政府は行うべきだ。

ウクライナ避難民の受入れについては、政府は従来の難民に対する慎重な姿勢を180度方針を変えた。岸田総理の積極的受入れ発言がきっかけとなり、支援の意図を持ちながら実施をためらっていた自治体、民間企業、NPOは一斉に全国で支援を開始した。

実質的な移民政策が開始された今、政府に最も必要なのはこのアナウンスメント効果であり、その発言が世界の日本を見る目を一瞬で変え、また国民の意識の転換につながる。

最終的には、ドイツ同様に在留外国人基本法（移民法）や移民庁を設置した、本格的な体制づくりが必要となる。それには数年近い時間がかかるとすれば、まず着手すべきは、国際的な人材獲得競争が始まっている今、政府は「日本はすでに実質的な移民受入れ政策へと変化している」ことを明言することだろう。

地方を回ると、自治体の幹部職員から、政府に移民政策の実施を公言してほしいという声を聞くことがある。自治体は人口減少を食い止めるために、政府の方針に従ってあらゆることを行ってきたが、まったくと言っていいほど効果が出ていない。外国人住民の定住化を促進するための多文化共生に力を入れている自治体もあるものの、本格的な推進には政府の大胆な方向転換の表明が必要と言う。

移民たちの持つ可能性にかける

外国人は単なる労働力不足を補うだけではない。母国を離れ海外に移住を決意する移民は、そもそも成功意欲の高い人たちだ。ドイツの例では、2009年に設立された40万の企業のうち13万は、移民によって設立され、ドイツで起業した3人に1人が移民という計算になる。

日本でも経済的な成功を夢見る外国人は多い。筆者は新宿区多文化共生まちづくり会議の委員を務めているが、新宿には日本語学校が集中している。そうした日本語学校や専門学校を卒業した外国人の若者は、数年、就職して一定のお金を貯めると小さなレストランや雑貨店を20代で開業し、成功するとさらに店を増やし、新たな事業に手を広げていく。日本人の若者には見られない失敗を恐れないチャレンジ精神を彼らは持っている。

外国人が増える中で、外国人自身のコミュニティが日本社会の中で形成されている。母語による新聞やメディアが日本国内で流通しているが、その事実に多くの日本人は気づかない。また彼らのネットワークは強く、たとえばベトナムの場合、2022年6月に代々木公園で開催された「ベトナムフェスティバル2022」には、推定15万人の来場者が全国から集まった。ベトナム人ばかりではなく、すでにさまざまな国籍の人びとが、その国の祭りの時期に行うフェスティバルは、東京を中心に全国各地で行われている。

こうした新たなお祭り、イベントは日本社会とつながることで、一層集客力のある事業となり、また日本人と外国人の交流の場として発展していくことが期待できる。地方創生に悩む自治体は、その誘致を行うという発想を持つことはできないだろうか。

母国を離れて日本に住む外国人が最初に頼りにするのは母国出身者の集まるコミュニティであり、自治体や日本政府ではない。実際、コロナ禍で困窮した外国人が最初に頼りにしたのは同国出身者のコミュニティだった。日本での安定した定着の上で、国内での外国人コミュニティの健全な発展は極めて重要である。

円安でも日本にチャンスは残されている。国際情勢を見れば、ウクライナ危機のように先行きが見えず、また専制国家の勢いも増している。ロシアや中国はその典型だが、SNSの普及で一般国民も世界とのつながりがよく見える中で、専制国家から逃げ出したい、自由な国へ出たいと考える若者が増えている。

ロシアでは兵役を逃れる目的もあり、愛想をつかした青年の海外脱出が増えている。中国でも習近平への忠誠心が強く求められる時代錯誤的な国内の風潮に対して、海外留学経験者など、自由な世界の空気を吸った若者は耐えられないだろう。

日本は曲がりなりにも民主主義が根付き、自由な国家であり、国民の教育水準も高い。低成長が続くとはいえ、清潔で安心、安全な日本はそうした人びとには魅力的と映るだろう。そうであれば、単に待ちの姿勢を続けるのではなく、積極的に海外から優秀な若者をリクルートする、そうした政策が求められるだろう。

それは単にIT技術者などの高度人材に限らない。彼らは世界中で引く手あまたであり、仮に日本の企業に就職しても、条件次第ですぐに他国に転出するだろう。受入れるべきは日本を好きになり、困難な日本語や日本文化を学ぶ意欲のある定住志向の若者だ。

人口減少の日本にとって意欲ある外国人青年は必要不可欠だが、送り出し国側から見れば、国を担う人材が流出することになる。そう考えれば、日本をはじめ先進国だけがよい人材を誘致すれば済むという問題ではない。

コロナ禍で中断したものの人の国際移動はこの数十年で飛躍的に拡大した。移住したとしても数時間、あるいは十数時間で母国に帰ることが可能となった。そこで考えられるのは対流型の移民である。日本に拠点を持ちながら母国とも頻繁に交流する人材、また日本人もその輪に加わり、移住者の地域と交流するようなモデルである。

姉妹都市交流は古くから行われているが、日本と移住元の地域を結び、学校同士、商工会議所、商店街などが交流をし、相互に人材交流と発展を目指すモデルも考えるべきだろう。そうした草の根レベルの交流、協力関係の構築は日本の安全保障にとっても有効に働くだろう。

2020年代が日本の正念場だった

平成時代に在留外国人が200万人近く増加したが、彼らへの政府の支援が行われなかった結果、労働面では派遣・請負労働への過度の偏在、低い日本語能力、二世の教育の遅延に陥っていることは述べた。

　コロナ禍で多くの在留外国人が困窮状態に陥ったが、それは在留外国人の多くが日本語能力が低いまま、中途半端な労働、生活環境に置かれていることを明らかにした。在留外国人を巡るこれまで積み残した問題が解決されないまま、日本は人口激減期に突入し、日本人の人口が毎年70万人以上減る時代を迎えた。コロナ禍明け後には、おそらく毎年、30万人前後の新たな外国人が入国することになる。

　仮に3年で100万人近い外国人が入国するとなれば、日本社会は対応できるのか。これまでの在留外国人に加え、新たに入国する外国人の労働、生活面での対応、日本語教育が果たして追いつくのだろうか。

　もし、不十分な対応が続いたり、悪化するのであれば、世界的な人材獲得競争の時代に日本は「選ばれる国」とみなされず、有能な外国人からそっぽを向かれてしまう。技能実習生では、ベトナムにとって日本は魅力的でない国になりつつあるが、そうなればミャンマーやカンボジア、さらに西に送り出し国を広げていかざるを得ない。最終的には、最貧国から日本以外に移住できないような人びとをかき集めるという結果にもなりかねない。そのような受入れ方をすれば、社会の不安定化を招き、結果として外国人と日本人との分断やヘイトスピーチの蔓延につながるリスクもある。

一方、受入れのリスクを避けて入国者数を大幅に制限すれば、高齢化が続く中での日本の人手不足は一層深刻化し、我々の生活を直撃することになる。高齢化が続く中での人口激減は日本人の生活レベルの低下を促進するだろう。最悪の事態は、日本人の若者が日本の将来に愛想をつかし、外国人受入れを促進する他の国へと流出していくことだ。

2023年2月1日にNHK「クローズアップ現代」は「〝安いニッポンから海外出稼ぎへ〟～稼げる国を目指す若者たち～」という特集を放送した。驚いたことに、小学校の教員をしていた若者や正看護師など、国家資格を持ち、安定した職を持つ青年が自主的に退職し、オーストラリアで日本よりはるかに高給の仕事に就き、満足に暮らす様子を放送した。この放送を見た日本人の青年は、自分も行きたいと思ったのではないか。

先進国の間では、異文化交流や相互理解の促進を目的として自由度の高いワーキングホリデーの在留資格がある。つまり、途上国の出身者と違い、日本人青年はお試しで海外の先進国で働くことが可能であり、それが結果的にその国への定住につながることもある。

日本の若者のこの利用が雪だるま式に増えれば、日本は正式に移民受入れ国となる前に、移民送り出し国へのプロセスに入ってしまうのかもしれない。

コロナ禍が明けたあと、これからの2020年代が日本にとって正念場となる。日本が「選ばれる国」として世界に認知されるのか、あるいはそうならないのか。在留外国人の労働、生活環境がどのように改善され、また新たに入国する外国人を日本がどのように迎え入れ、活躍できる土台を作れるのか、あるいは日本の若者の海外流出が本格化するのか、日本の将来を決することにもなるだろう。

心を開くグローバル化

外国人受入れを成功に導くために最終的に必要になるのは、政治の力であり、また日本人の意識の変革だ。外国人を対等なパートナーとしてみなし、共に社会を作る人たちであるとの認識である。

アジアの端に位置し、特殊な言語を話す国である日本に魅力を感じて、日本で働き、生活しようとする若者を日本人の青年と同様に大切にする。彼らの日本への思いに日本人は寄り添う姿勢を示す必要がある。

ネパール人コミュニティの代表者は日本人の「心のグローバル化」を訴える。白人とアジア人に対する日本人の対応が違うと言うのである。技能実習生や日系南米人などブルーカラーの仕事に就く人びとに対して、外国人という理由だけではなく、貧しさと結びつけて、上から目線で見る人たちがいることも事実である。

しかし、安心してよい。なぜなら日本において欧米で見られるような深刻なヘイトクライムはまれであり、また大多数の日本人が強い偏見や外国人差別意識を持っていない。しかし、現在の社会の仕組みや現状の外国人の受入れ方自体が、われわれの考えに影響を与えていることを考えれば、政府による明確な政策が必要だろう。

そして、ダイバーシティ&インクルージョン（多様な人材を受入れ、その能力を発揮してもらう考え方）を真に実現するには、人種や国籍の違いだけではなく、経済格差による偏見をも克服する必要がある。表面的な掛け声だけではなく、差別解消のためには人びとの意識の底に響く働きかけが必要で、そのカギを握るのは交流と教育だ。

在留外国人との交流の機会の増大と、青少年の段階からの多文化共生の教育を通じて、徐々に意識の転換が実現する。日本人と外国人のコミュニケーションの上でも、外国人に対する日本語教育は極めて重要である。日本人の多くは国籍や肌の色の違いよりも、日本語が通じてコミュニケーションできることで安心し、不安や偏見が払しょくされる傾向が強いからだ。

繰り返すが最も重要なのは政府の意思表明である。移民とは日本の活性化につながる日本で暮らし活躍する人びとであることを、丁寧に国民に説明する必要がある。それこそが政府の役割であり、国民の意識転換につながる。人口減少に直面した日本が真に変われるのかどうかを世界は注目して見ている。コロナ禍後の新たな時代に向けて、外国人との共生を目指す持続可能な日本社会についての構想力と実行力こそが求められているといえるだろう。

おわりに

コロナ禍が収束を迎え街は活気を取り戻した。日本人ばかりでなく、入国緩和で急増した外国人観光客で各地は大いに賑わい、日本はコロナ禍前の盛況を取り戻したかのようだ。外国人の観光客ばかりではない。日本に移住しようとする外国人の受入れも着々と進んでいる。

2020年、厚生労働省は「地域外国人材受入れ・定着モデル事業」を開始した。これは、海外に住む外国人材を日本に招き入れ、地方の企業での雇用と定着を目的とするものだ。政府自ら乗り出して外国人を受入れ、地方企業にあっせんするモデル事業が開始されたのである。

こうした中、2023年4月には技能実習制度及び特定技能制度の在り方に関する有識者会議の中間報告案が提示され、技能実習制度の廃止の方向性が示された。技能実習制度の廃止は、人口が急減し、働き手が少なくなる未来を見据えて、現場で働く外国人の定住、活躍を求める時代のニーズに応えるものではないか。まさに今、日本の外国人受入れは大きな変換点を迎えている。

こうして外国人労働者の受入れに関心が集まっているが、忘れてはならないのは、従来から日本に住んでいる300万人を超える在留外国人の存在だ。彼らの存在を再確認し、その潜在力をいかに引き出すかという課題を忘れて、外国人の受入れは成功し得ない。

筆者は長らく多文化共生の事業に携わってきたが、ここ数年、外国ルーツの青少年の教育、就労やコロナ禍で困窮する在留外国人を支援する数十の市民団体、NPOに対して、サポートし、団体同士のつながりを深める事業に携わってきた。

こうした組織の活動は、従来、光が当たらず、資金難の中で、ボランティアによって支えられてきた。場合によっては自腹で支援を続けてきたのがこうした草の根のNPOで活躍する人たちである。

社会から落ちこぼれそうになる外国人に対して手を差し伸べ、SDGsの「誰一人取り残さない」という精神を実践する姿に感動を覚えると共に、同じ日本人として彼らを誇らしく感じた。またそうした活動の一部に自分自身がかかわれたことをありがたく思った。

そうした経験が本書の執筆のベースにある。

こうした組織が活躍し、外国人の受入れの土台を確固たるものにするためには、まず政府や国民の理解が必要になる。本書はさまざまな見解が交錯する外国人受入れの議論について、経済、文化、世論など多面的な切り口を提供することに心掛けたつもりである。

いうまでもなく、本書の文責はあくまでも筆者個人にあり、個人としての見解である。

改めて、これまで多くの知見と励ましをいただいた全国各地の方々、また筆者の勤める日本国際交流センターの先輩、同僚諸氏、また出版についてご支援をいただいた朝日新聞出版の皆様にお礼を申し述べたい。

2023年6月

毛受敏浩

参考文献・資料

1 THE WEEK, 'What is Japanification?'
https://www.theweek.co.uk/106524/what-is-japanification

2 REUTERS「主流派経済学の金融政策、有効性に疑問符=白川前日銀総裁」２０２１年9月9日
https://jp.reuters.com/article/cenbank-boj-shirakawa-idJPKBN2G50BV

3 FINANCIAL TIMES 'Fears of Japanification spreading are misplaced'
https://www.ft.com/content/b2a7dede-9aa7-11ea-adb1-529f96d8a00b

4 BUSINESS INSIDER「２０５０年までに最も大きく人口が減る国 ワースト20」２０１９年10月15日
https://www.businessinsider.jp/post-200345

5 神田外語グループ、第35回異文研キャンパス・レクチャー・シリーズ「多文化共生の未来とジレンマ 21世紀日本と『移民』受入れ」講師和田純（神田外語大学教授）

6 民主党アーカイブ「民主党政策集 ＩＮＤＥＸ２００９」
http://archive.dpj.or.jp/policy/manifesto/seisaku2009/

7 自民党「外国人参政権付与法案　断固、反対します！」２０１０年2月5日
https://www.jimin.jp/news/policy/130379.html

8 内閣府「外国人労働者の受入れに関する世論調査」世論調査報告書　平成16年5月調査
https://survey.gov-online.go.jp/h02/H02-11-02-21.html

9　日本総研「ドイツ・スウェーデンの外国人政策から何を学ぶか〜熟練労働者を市民として受入れる〜」山田久、2019年7月4日
10　少子高齢化時代の日本における外国人労働者の受け入れ意識を規定する要因—JGSS-2008を用いた分析—眞住優助　大阪商業大学JGSS研究センター　日本版総合的社会調査共同研究拠点 研究論文集［15］JGSS Research Series No.12
https://jgss.daishodai.ac.jp/research/monographs/jgssm15/jgssm15_05.pdf
11　「日本は〝納得〟のワースト6位。「外国人が住みたい、働きたい国」ランキング【2021年版】」川村力
https://www.businessinsider.jp/post-235974
12　堀憲昭『旅する長崎学16』、長崎文献社、2012年
13　江越弘人『トピックで読む長崎の歴史』弦書房、2007年
14　編集人堀憲昭『長崎游学9　出島ヒストリア　鎖国の窓を開く』長崎文献社、2013年
15　「下駄も渡来人が伝えたのか？」『渡来人いずこより？』大阪歴史博物館、2017年
16　『歴史人　2021年6月号　古代天皇古墳の謎』「白村江の戦い」ABCアーク
17　『ナンバーPLUS』「リーチ・マイケル　独占インタビュー　ジェイミージャパンはニッポンの未来」文藝春秋、2019年8月20日
18　日本記者クラブ「フォン・ヴェアテルン駐日ドイツ大使『ドイツの難民・移民政策』」2015年9月18日
19　A plan to stop immigration: Germany's AfD party
https://www.infomigrants.net/en/post/17960/a-plan-to-stop-immigration-germany-s-afd-party
20　AFP BB News「『移民は毒ガスで殺せ』発言 ドイツ極右政党、広報を即時解任」2020年9月29日 11：30 発信地：ベルリン／ドイツ［ドイツ ヨーロッパ］

https://www.afpbb.com/articles/-/3307008
21　杉村美紀編著「ベルリン・ノイケルンにおける移民統合の試み」アーノルト・メンゲルコッホ『移動する人々と国民国家』明石書店、２０１７年
22　グローリア、クリューガー量子「幼稚園から学校教育としてはじまるドイツの『宗教教育』とは？」２０１７年7月7日
23　吉満たか子「ドイツの移民・難民を対象とする統合コースの基本理念と現実」
24　ハンス・ゲオルク・マーセン「講演　ドイツ移民法・統合法成立の背景と動向」２００６年10月12日
25　近藤潤三「ドイツにおける移民法の成立過程」愛知教育大学地域社会システム講座　社会科学論集、２００５年3月10日
26　「ドイツの移民政策と新移民法」独立行政法人労働政策研究・研修機構
27　「移民レポート3ドイツ：移民政策転換から15年　高技能移民の積極受け入れと長期居住者の社会適合は道半ば」大和総研金融調査部 金融調査部長　山崎加津子、２０１４年11月18日
28　栗林大「新自由主義的世界における多文化主義の再構築に向けて」中央大学社会科学研究所年報　第21号、２０１６年度
29　万城目正雄「外国人技能実習制度の活用状況と今後の展開」『移民・外国人と日本社会』小崎敏男、佐藤龍三郎編著、原書房、２０１９年
30　是川夕、第2章「日本における低い外国人女性の出生力とその要因」『移民・外国人と日本社会』人口学ライブラリー18　小崎敏男、佐藤龍三郎編著、原書房、２０１９年

毛受敏浩 めんじゅ・としひろ
1954年徳島県生まれ。慶應義塾大学法学部卒、米エバグリーン州立大学公共政策大学院修士。兵庫県庁に入職後、日本国際交流センターに勤務し、現在、執行理事。文化庁文化審議会委員。著書に『人口激減──移民は日本に必要である』(新潮新書)、『自治体がひらく日本の移民政策』(明石書店)、『限界国家──人口減少で日本が迫られる最終選択』(朝日新書)など。

朝日新書
910

人《じん》口《こう》亡《ぼう》国《こく》

移民で生まれ変わるニッポン

2023年6月30日第1刷発行

著　者　毛受敏浩

発行者　宇都宮健太朗

カバーデザイン　アンスガー・フォルマー　田嶋佳子

印刷所　凸版印刷株式会社

発行所　朝日新聞出版
〒104-8011　東京都中央区築地5-3-2
電話　03-5541-8832（編集）
　　　03-5540-7793（販売）

Published in Japan by Asahi Shimbun Publications Inc.
ISBN 978-4-02-295224-0
定価はカバーに表示してあります。

落丁・乱丁の場合は弊社業務部(電話03-5540-7800)へご連絡ください。
送料弊社負担にてお取り替えいたします。

朝日新書

学校がウソくさい
新時代の教育改造ルール

藤原和博

学校は社会の縮図。その現場がいつの時代にもましてウソくさくなっている。特に公立の義務教育の場が著しい。社会からの十重二十重のプレッシャーで虚像になってしまった学校の実態に、「原点回帰」の処方を示す。教育改革実践家の著者によるリアルな提言書！

人口亡国
移民で生まれ変わるニッポン

毛受敏浩

〝移民政策〟を避けてきた日本を人口減少の大津波が襲っている。GDP世界3位も30年後には8位という並の国に。まだ日本に魅力が残っている今、外国人から移民先として選ばれる政策をはっきりと打ち出し、この国を支える人たちを迎え入れてこそ将来像が描ける。

マッチング・アプリ症候群
婚活沼に棲む人々

速水由紀子

婚活アプリで1年半に200人とマッチングしてみたところ、「富豪イケオジ」「筋モテ」「超年下」「写真詐欺」「ヤリモク」……〝婚活沼〟の底には驚くべき生態が広がっていた！　合理的なツールか、やはり危険な出会い系なのか。「2人で退会」の夢を叶えるための処方箋とは。

問題はロシアより、むしろアメリカだ
第三次世界大戦に突入した世界

エマニュエル・トッド
池上　彰

世界の頭脳であるフランス人人口学者のエマニュエル・トッド氏と、ジャーナリストの池上彰氏が、ウクライナ戦争後の世界を読み解く。覇権国家として君臨してきたアメリカの力が弱まり、多極化、多様化する世界が訪れる——。全3日にわたる白熱対談！